浙江省哲学社会科学规划
后期资助课题成果文库

产品开发设计与实践

傅晓云　葛瑞特　著

ZHEJIANG UNIVERSITY PRESS
浙江大学出版社
·杭州·

图书在版编目（CIP）数据

产品开发设计与实践 / 傅晓云，葛瑞特著. -- 杭州 ：
浙江大学出版社，2024. 6. -- ISBN 978-7-308-25282-9

Ⅰ. F273.2；TB472

中国国家版本馆CIP数据核字第20241QZ021号

产品开发设计与实践

傅晓云　葛瑞特　著

责任编辑	陈　宇　潘晶晶
责任校对	王怡菊　叶思源
封面设计	雷建军
出版发行	浙江大学出版社
	（杭州市天目山路148号　邮政编码310007）
	（网址：http://www.zjupress.com）
排　　版	杭州林智广告有限公司
印　　刷	杭州捷派印务有限公司
开　　本	710mm×1000mm　1/16
印　　张	13.5
字　　数	205千
版 印 次	2024年6月第1版　2024年6月第1次印刷
书　　号	ISBN 978-7-308-25282-9
定　　价	78.00元

与时偕行，知行合一。

随着时代的演进，工业设计的内涵不断焕发出新的活力，从最初的工艺美术逐渐成长为如今贯穿整个产品开发流程的顶层设计。国家"十四五"智能制造发展规划和"中国智造"的推进以及大数据、人工智能、数字孪生的快速发展，为工业设计赋予了与国家发展战略、时代背景相融合的多种新含义，阐述了工业设计师在国家经济发展中的重要使命，彰显了工业设计在服务国家战略与社会层面的新征程。

工业设计边界的持续拓展与新时代的到来，对工业设计师提出了更高的标准和挑战。工业设计作为一门交叉学科，对相关从业者多方面的能力有着全面要求。工业设计师不仅要具备出色的设计能力，还需要融入商业视角，为产品的商业成功打下坚实基础；在把握产品造型的同时，还需注重工业制造的合理性，确保设计方案得以落地并进行市场验证；在与不同领域的人员协作进行产品开发时，还需展现出优秀的沟通能力和管理能力，把控项目进度，推动整个开发流程的顺利进行。

设计理论与设计实践相结合是工业设计学科培养的核心所在，产品开发设计实践的成果可以作为工业设计师培养的重要评价标准。在掌握学科知识的基础上，我们不能让知识成为设计思维的束缚。对于工业设计师的培养，国内外各大高校与机构均有着各自的培养重点。我们始终坚持以将产品开发设计理论与相关实践项目相结合的方式来培养工业设计人才，旨在培养出能够快速适应实际工业产品项目开发的设计人才。本书是笔者基于多年产品开发项目的经验总结与升华，旨在通过多个不同类型的产品开发项目，将整个产品开发流程中的各项知识以更加实际、易懂的方式呈现给读者。这些实践方法已经过项目的检验，更具实际操作性，也使本书的观点与理论更具实际意义。

本书一共分为五篇。第一篇为产品开发设计概论，简述产品开发的概念，阐述优秀的产品开发案例以及开发过程中常见的思维误区。第二篇关于为产品开发设计筹备期，主要介绍如何规划产品开发的内容和进度，以及如何从繁杂的产品市场中找到突破口，发现新的设计机会。第三篇关于产品开发设计创意期，着重分析从用户需求到产品概念的转化方法。第四篇关于产品开发设计落地期，进一步介绍产品投产前的测试，产品投产后的推广以及与知识产权相关的内容，还对人工智能辅助设计的未来趋势进行了初步探索。第五篇关于产品开发设计优化期，详细说明产品开发设计中的各项工程知识，将产品概念逐渐推向落地的商业产品。本书所有产品开发设计具体环节的架构均采用"目的－实施方法－评价方法"的逻辑框架，帮助读者明确每个环节的作用、执行方式以及评价标准，具有很高的实践价值。

本书的逻辑框架由傅晓云结合多年产品开发实践经验来规划和构建，傅晓云和葛瑞特梳理整体逻辑、配图、整理及统稿。书中的相关项目由傅晓云、冯迪、李愚、王英豪、陈龙等提供。其中，傅晓云负责第 1 章、第 2 章和第 12 章的撰写，葛瑞特负责第 4 章、第 7 章和第 10 章的撰写，王成宝负责第 3 章和第 9 章的整理，蒋旭负责第 6 章和第 8 章的整理，钱佳蕊负责第 5 章和第 11 章的整理，王政南负责第 13 章的整理。

我们希望本书不仅仅是一本知识性参考书，更是一本能够激发相关从业者的设计热情和灵感的书。工业设计是一个充满创造力和挑战性的领域，我们相信，通过本书的知识和实践案例，读者能够更好地发挥自己的潜力，设计出出色的产品。希望各位读者能够享受阅读本书，并将其中的知识应用于实际工作中，不断提升自己的设计水平。祝愿各位在产品开发设计的旅程中收获成功和满足感。

由于作者水平有限，书中难免有疏漏和不当之处，我们将根据之后的设计实践与总结，不断更新本书的知识内容。欢迎各位读者提出宝贵意见和建议，帮助我们改进与完善本书，使其更符合广大读者的需求和期望！

傅晓云

2023 年 12 月 27 日

目 录
CONTENTS

第一篇　产品开发设计概论

第1章　概　论 / 2

1.1　产品开发——不断发展的"原点" / 2

1.2　何谓"成功"产品 / 3

1.3　交叉学科与知识融合 / 7

1.4　产品开发设计的误区 / 8

1.5　本章重点知识提取 / 15

第二篇　产品开发设计筹备期——商业机会中的取"乱"之道

第2章　产品开发流程 / 18

2.1　产品之"新" / 18

2.2　产品开发服务了"谁" / 23

2.3　"新概念"开发方法论 / 28

2.4　本章重点知识提取 / 30

第3章　项目的管理和规划 / 32

3.1　项目管理不是形式主义 / 32

3.2　高效、简单的项目管理方法 / 33

3.3　开会、复盘与评价 / 34

3.4　本章重点知识提取 / 37

第4章　产品战略、设计定位 / 38

4.1　产品开发战略指导 / 38

4.2　知"己"知"彼"，博采"众长" / 39

4.3　战略需要被"看见" / 49

4.4　本章重点知识提取 / 50

第三篇　产品开发设计创意期——从用户到创新

第5章　用户调研及分析　/ 54

5.1　切入目标群体　/ 54

5.2　用户信息获取　/ 56

5.3　如何发现问题　/ 59

5.4　专题问题研究　/ 65

5.5　问题需求转化　/ 67

5.6　本章重点知识提取　/ 70

第6章　概念设计与概念测评　/ 72

6.1　产品概念"雏形"　/ 72

6.2　设计思维"放与收"　/ 77

6.3　为概念套上功能的"枷锁"　/ 82

6.4　概念也需要被评价　/ 87

6.5　为概念指出"落地"的方向　/ 91

6.6　本章重点知识提取　/ 94

第四篇　产品开发设计落地期——制衡与取舍

第7章　产品规格　/ 98

7.1　何谓产品规格　/ 98

7.2　目标规格——对标和超越　/ 100

7.3　最终规格——产品的"身份证"　/ 102

7.4　本章重点知识提取　/ 105

第8章　细化设计　/ 106

8.1　产品细化设计　/ 106

8.2　细化设计模块　/ 107

8.3　电器设计——产品的"激活"　/ 110

8.4　体验设计——好看的"皮囊"　/ 114

8.5　结构设计——坚实的"骨干"　/ 121

8.6　交互设计——有趣的"灵魂"　/ 130

8.7　细化设计的评估——接受多方检阅　/ 134

8.8　本章重点知识提取　/ 139

第9章　产品原型搭建　/ 140

9.1　何谓"功能样机"　/ 140

9.2　功能样机的制作——从想法到实现　/ 142

9.3　功能样机的测试与评估　/ 146

9.4　功能样机的优化　/ 148

9.5　技术创新型产品样机的制作与测试　/ 150

9.6　本章重点知识提取　/ 156

第五篇　**产品开发设计优化期——既脚踏实地也仰望蓝天**

第10章　产前样制作评估及优化　/ 158

10.1　何谓产前样　/ 158

10.2　产前样的评价　/ 158

10.3　本章重点知识提取　/ 166

第11章　商业推广与产品设计　/ 167

11.1　商业推广的目的与基本模式　/ 167

11.2　商业品牌设计及推广　/ 170

11.3　数字媒体设计与推广　/ 173

11.4　信息化时代"新渠道"　/ 176

11.5　本章重点知识提取　/ 178

第12章　知识产权　/ 180

12.1　工业设计师的"权利与义务"　/ 180

12.2　专利检索　/ 181

12.3　专利内容撰写　/ 183

12.4　本章重点知识提取　/ 185

第13章　未来已至——人工智能辅助产品开发设计　/ 187

　　13.1　人工智能的介入　/ 187

　　13.2　筹备期——分析识别小能手　/ 187

　　13.3　创意期——设计创意生成师　/ 191

　　13.4　展望期——综合发展多面手　/ 198

　　13.5　人工智能辅助设计总结　/ 199

　　13.6　本章重点知识提取　/ 201

参考文献　/ 203

后　记　/ 205

第一篇

产品开发设计概论

第1章 概　论

1.1　产品开发——不断发展的"原点"

　　产品是指企业提供给市场，使消费者可以通过交易获得，从而使用并满足需求的物品。产品开发设计是将市场需求转化为具体产品并投放市场的创造性活动，是帮助产品迭代升级以满足消费者不断变化的需求的活动，是满足人类物质生活各项需求的"原点"。随着产品种类不断拓展，以及社会文化、经济水平和生活方式的快速变化，企业的形式及其向市场提供的产品形式也发生了变革。过去，产品通常是指有形的实物，但随着时代的演变，人们对于产品的认知也开始逐渐拓展至无形的服务领域。在科学技术的驱动下，产品开发的设计周期日益缩短，效率不断提高，市场需求不断增加，这使得产品开发这一"原点"也在不断地发展。产品开发设计的最终目的是形成可以直接用于生产、销售、服务的最终产品或服务，因此产品开发不只是单纯地对新产品进行构思和设计，而是贯穿开发、工程、制造、营销等各环节的顶层设计。对于工业设计师而言，产品开发设计需要围绕诸多目标问题进行构思和设计，并持续跟进以确保产品落地。本书旨在探讨产品设计的整体流程和方法，其中的核心产品开发方法、流程和相关设计理念，可以作为软件类产品、服务类产品等多元产品形式的开发参考。

1.2　何谓"成功"产品

产品开发的终点是销售的产品，商业利益是企业进行产品开发的重要目的之一，因此在产品开发设计实践当中，以下四点是评价产品开发成功与否的主要维度（图 1-2-1）。

图 1-2-1　产品开发评价维度

（1）开发时间

开发时间是指新产品开发团队能多快地完成新产品的开发工作。新产品的开发不能无限制地拖延，随着时间的变化，市场环境也会改变，用户的需求具有非常明显的时效性，开发的新产品无法匹配特定时间和条件下的需求会使新产品本身失去意义。因此一个成功的新产品开发往往伴有清晰、合理的项目管理与规划。产品开发时间优化对产品设计人员的市场敏感性以及短时间分析问题的能力都有着极高的要求。

例如，新冠疫情期间，为应对常态化核酸检测，申昊科技研发团队快速响应，开发出一款核酸采集数字服务站（图 1-2-2）。这款核酸采集数字服务站是专为核酸检测取样工作设计的，充分考虑了数字化、智能化、舒适化的需求，配备了有舒适环境的可移动双人采样服务平台。该服务站还配备了正压新风、气溶胶消毒、语音对讲等系统，解决了核酸采样流程复杂、核酸采样人员工作量大、危险性高等问题，为核酸采样人员营造了一个全封闭式舒适安全的工作环境，大幅提高了核酸采样效率。研发团队通过高效的产品开发能力，在新冠疫情期间及时地为核酸检测取样工作提供了优质的产品，为全民抗疫贡献了一份力量。

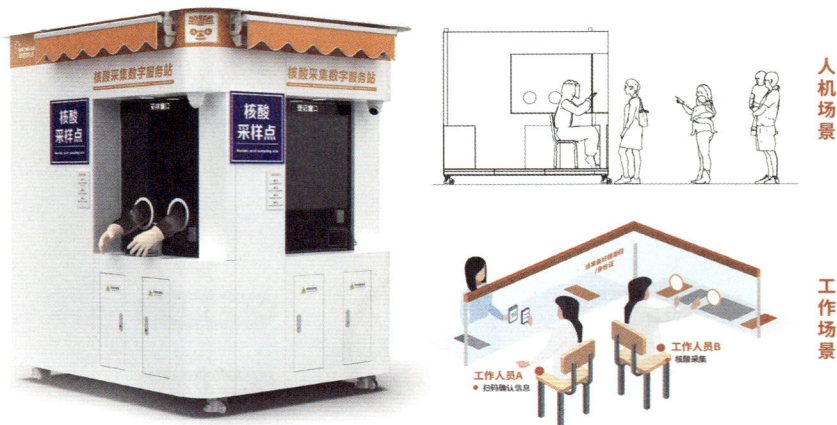

图 1-2-2　核酸采集数字服务站

（2）产品成本

产品成本分为研发成本和制造成本。研发成本是指企业对新产品开发的投入，主要包括新产品开发的设计费用以及相关的技术研究费用。新产品的开发有失败的可能性，因此研发成本属于一种投资。对于公司而言，通过开发新产品来争取新的市场机会需要有充足的调研结论的支撑，要防止错误决策导致项目失败。制造成本是企业获得利润的直接影响因素，也是与产品定价相关的因素之一，产品的制造成本应当在产品开发设计时就被考虑在内。产品在开发设计的过程中应根据各环节的测试结果不断优化，并在保证产品质量的前提下尽可能降低制造成本。

例如，在过往的产品开发设计中，我们设计了一把主要面向出口市场的办公网椅（图 1-2-3），该产品主要对标亚马逊网站上的一款办公椅产品。我们在原有设计的基础上，独创性地设计了一个全新腰托结构，但为了取得竞争优势，需要保证其销售价格低于对标产品的价格。因此，我们在整个产品的设计过程中，对产品的结构、应用的材料以及运输成本都进行了核算，综合考虑这些因素后，再进行结构设计、材料选择，降低了产品的制造成本。

图 1-2-3　办公网椅设计案例

（3）产品质量

产品是产品开发设计的最终产物，产品本身是否达到企业研发的预期效果，是否可以真正满足消费者的使用需求，是评价产品质量是否达标的重要标准。产品质量高低的评判可以由市场进行检验，最直观的评判表现为产品所占的市场份额及销售情况，也可以表现在用户对产品的评价上。但两者间的关系未必是正向的，产品"叫好不叫座"的情况也屡见不鲜，原因可能是在产品开发过程中的用户研究、成本控制等方面存在漏洞。因此，产品质量的评价应该结合企业和用户的反馈来综合评判。

例如，我们为某一企业设计的"小面包"矫姿器（图 1-2-4），产品一投放到市场，就取得了巨大的商业成功。在企业层面，产品在开模具落实生产不到一年的时间就开了第二副模具，不低的决策成本体现了企业积极的反馈；在用户层面，该产品的销量达到近 5800 万件，并且催生了相当大规模的模仿市场。该产品在企业反馈与用户反馈中均表现出了优异的商业成绩，最核心的优势在于其本身的产品质量过硬。在"小面包"矫姿器的设计过程当中，我们对人体的坐姿倾角进行了细致的研究，最终确定了 7° 的坐姿角，确保儿童在使用该产品时，臀部、腰部、腿部各部分的受力均匀且重心稳定。"小面包"矫姿器创新性的"化抵为托"的设计理念，使用户体验有了极大改善。优秀的人体工学设计使"小面包"矫姿器成了当时的热销产品。

图 1-2-4 "小面包"矫姿器设计案例

（4）可拓展性

产品的可拓展性是指产品本身后续能进行升级迭代或能发展成产品家族的可能性（图 1-2-5）。可拓展性强的产品可以延伸出更多的系列化产品，确保在开发该产品的过程中获得的相关经验及资源可以被进一步利用和延续。围绕原有产品进行系列化产品设计，也可以在较长的一段时间内保证企业的利润获取。因此可拓展性为产品开发经验和相关资源的再利用提供了巨大的潜力，使它们在后续的产品开发中可以得到更多的利用。

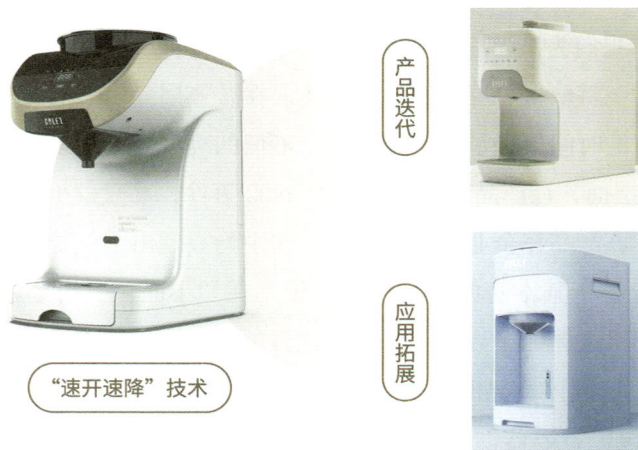

"速开速降"技术

产品迭代

应用拓展

图 1-2-5 霍科冲奶机系列产品的设计案例

产品开发时，要在以上四个维度中都取得成功存在一定的难度，故需要在整个产品开发过程的不同环节进行严格的把控和评估。本书主要面向产品开发整体流程中涉及的方法，结合产品的成功开发案例进行讲解，并且针对各环节的评价方法进行详细描述，形成可对照参考的知识体系，帮助产品开发者成功开发出产品。

1.3　交叉学科与知识融合

一个新产品的开发通常需要一个或多个开发团队来完成。每个团队成员都需要对产品开发涉及的各个领域有最基本的了解，这样才利于团队成员的选择、团队的组建以及产品正式开发时各部门间的相互沟通与协作。一个典型的产品开发团队可能由工业设计师、机械工程师、电子工程师、软件工程师、制造工程师和市场营销人员等不同领域的专家组成。在这个开发团队中，每个成员都应该对其他成员的工作内容有一定的了解，能够相互合作，确保产品的成功开发与上市。

产品开发是一项学科交叉的活动。诸多学科在产品开发过程当中都做出了相当大的贡献。以下三个重要环节涉及的学科知识是产品开发过程中的核心（图 1-3-1）。

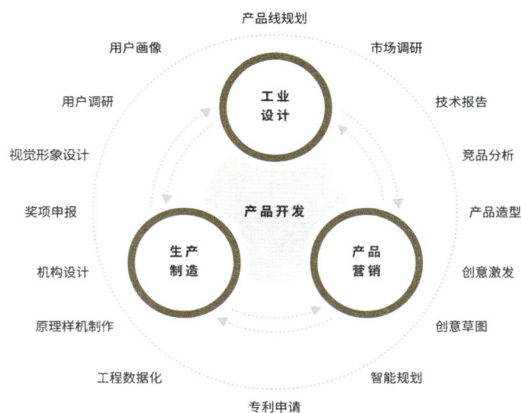

图 1-3-1　产品开发知识体系

（1）工业设计

工业设计在整个产品开发过程中起着核心作用。区别于产品设计，工业设计涵盖的范围更广，对设计师的职业素养要求也更高。从企业产生新产品设计需求开始，工业设计就需要介入。工业设计师通过调研、设计、评价帮助企业确定产品需求，把握新产品开发的方向，测试新产品的各项重要指标。后续的产品宣发以及相关的服务设计，都需要工业设计师介入。

（2）生产制造

与产品生产制造相关的人员，主要针对新产品设计时提出的方案进行评估、优化和量产。除了产品的生产之外，产品制造还包括采购、分配、安装、运输等过程，这些过程通常被统称为"供应链"。产品的制造团队还需要与设计团队进行及时沟通，将生产的相关知识和需求及时传递给设计团队，两者相互辅助。在大多数情况下，与产品制造相关的团队不只来自公司内部，还来自其他的合作公司和供应商，甚至来自一些商业咨询公司。生产制造需要在多方面支持下，共同把握项目方向，帮助项目推进。

（3）产品营销

产品营销是企业与消费者之间的连接点，产品营销人员需要帮助企业把产品推送给目标用户。产品营销人员需要对消费者的心理有一定的了解与把握，并且需要与时俱进，将营销方法与先进的知识与技术相结合，以吸引消费者。同时，产品营销人员与消费者的接触机会较多，并在产品开发的调研环节也会有所参与，因此可以在确定目标用户、评估产品机会等环节发挥作用。

1.4　产品开发设计的误区

在产品开发设计过程中，绝大部分的开发设计会以失败或不尽如人意的结果告终（图1-4-1）。其原因不仅仅是生产出的产品缺乏创意，也可能是在产品开发设计这一整个长期的过程中存在缺陷。我们可以在网络或各大比赛中见到不少有创意的设计，但是在市场中，它们的身影少之又少。这些创意或许曾经被投入产品开发的过程中，但因为成本、技术或在测试和用户反馈中存在问题而夭折了。本节对产品开发设计过程中常见的一些问题或失误进行简要阐述，针对这些问题的避免方法或修正方法，则将在后面的具体章节中展开叙述。

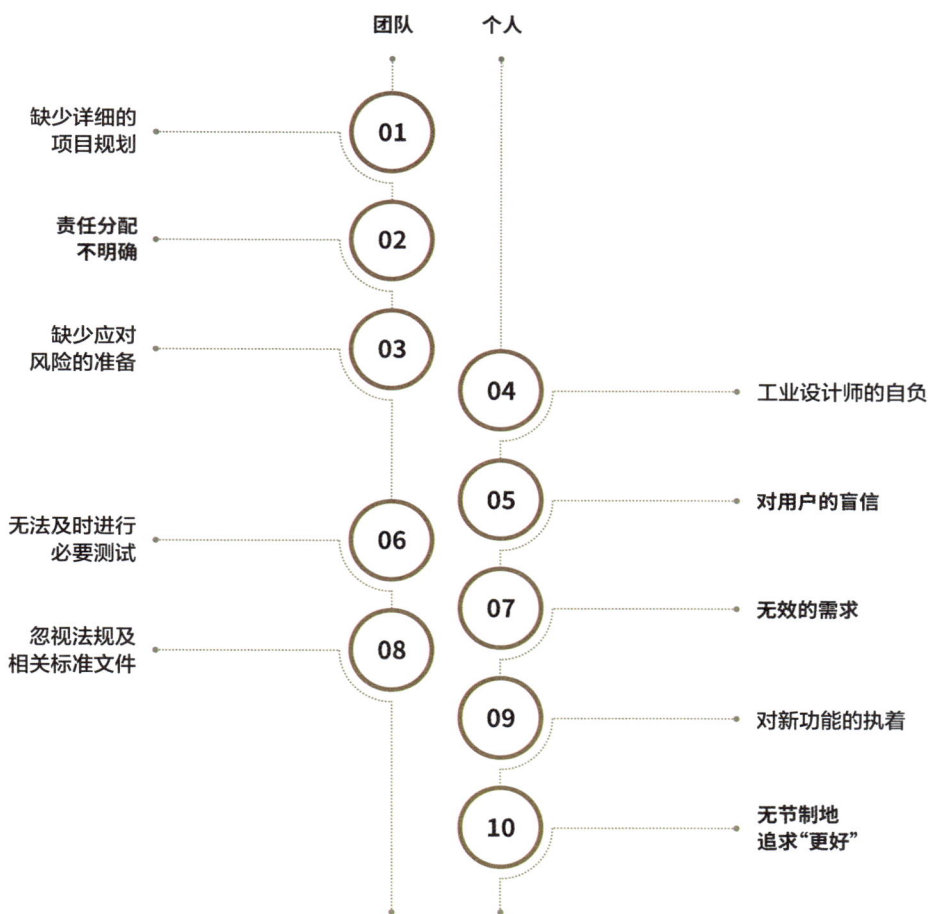

团队　个人

- 缺少详细的项目规划 —— 01
- 责任分配不明确 —— 02
- 缺少应对风险的准备 —— 03
- 04 —— 工业设计师的自负
- 05 —— 对用户的盲信
- 无法及时进行必要测试 —— 06
- 07 —— 无效的需求
- 忽视法规及相关标准文件 —— 08
- 09 —— 对新功能的执着
- 10 —— 无节制地追求"更好"

图 1-4-1　产品开发设计误区

（1）缺少详细的项目规划

详细的项目规划在产品开发之初是必要的，但部分参与产品开发的新手往往会忽视项目规划的重要性。原因在于，在前期的学校教育中，设计课程的学习进程其实在课程开始前就已被完整规划好了。所有学生身处课堂之中，跟随课程规划进行学习。课堂已经提前规划好的"项目"安排，取代学生完成了规划任务，且学生本身可能也没有意识到这一点。而在实际进行产品开发时，不进行提前的时间规划，仅按照项目步骤进行推进，很容易导致项目无限期拖延。在做详细的项目规划时，我们可以对项目有提前的了解，详细的规划至少可以让我们大致估计出项目需要花费的时间和精力，有助于跟踪项目进度，并以此来判断项目进展得比预期快还是慢，避免项目延期。对项目做详细的规划迫使我们对整个项目进行全面思考，勾勒出未来开发工作的大致轮廓，提前梳理出需要重点关注的问题和可能存在的风险，留出一定的弹性时间来应对风险。这样可以确保项目按照计划进行，减少意外因素的干扰。

（2）责任分配不明确

除了时间规划外，在项目初期对项目各阶段的任务进行拆解并合理分配到团队个人也是非常重要的。从效率角度而言，项目负责人需总揽全局，很难有充沛的精力对每一项任务都精确地进行实时把控，此时每一项任务都需要有一个明确的负责人，他们主要负责任务进度监控、预算整理、与其他部门沟通，确保任务能及时完成。

有经验的负责人可以明确任务所需的时间范围，方便项目总负责人进行时间规划；对技术有明确了解的负责人可以最大限度地压低开发的成本，帮助项目进行更合理的资源分配。任务负责人需注意将具体的职责精确到个人，杜绝职责不清、相互推诿的现象发生。

（3）缺少应对风险的准备

项目中涉及的人员、物资等因素以及活动环节众多，环节越多，出现纰漏的概率就越大。对于产品开发这种复杂的活动，想要规划并实施得毫无差错几乎是不可能的。项目计划的一切都是预估的，是偏向于乐观的情况，但是作为项目参与者，应当根据实际情况进行实时调整，同时必须为失败做好心理准备和应对预案。

（4）工业设计师的自负

工业设计师和开发者常常以为自己了解一般用户需要什么样的产品，这是产品开发设计中存在的典型问题。

工业设计师和开发者容易将自己的想法强加于人，认为用户想要的东西与自己想要的东西相差不大。越是熟悉的领域，工业设计师就越容易犯这种自以为是的错误，自以为对某种产品很了解，设计时存在失误的可能性就越大。故在产品设计之初，不妨把自己放在一个"小白"的位置，以谦虚的心态谨慎地对待熟悉领域的产品设计与开发。

（5）对用户的盲信

用户是产品开发设计最终的评判者，设计开发者需要重视他们的意见，但不能盲信用户。我们需要学会提取用户话语中的关键词，总结和归纳用户的意见，并推理出意见背后的需求，根据多个典型用户共性的需求进行后续的设计与开发。对于一些全新的产品，我们要善用图版、原型等，让用户更直观地了解到我们要做什么样的产品，为工业设计师调查、总结用户的需求提供更多的机会和空间。

（6）无法及时进行必要测试

对于产品开发来说，不成熟的项目参与者往往认为产品测试是设计完成、产品生产（至少是样品生产）之后的工作。但事实上，此时对样品进行测试，若产生大量或较严重的问题时，则意味着几乎整个项目需要完全返工，这是一种非常低效的做法。因此在实际的项目过程中，我们往往会进行至少三次的样机测试，并且是在不同的时间、环节进行。

（7）无效的需求

产品需求表达的是产品开发人员对产品的理解，也是产品创新性和差异化的来源。在明确产品需求时，我们需要尽可能具体，并且需要随着项目的推进进行需求深化。项目需求也要进行明确的分级，无数个等级较低的需求只能催生出一款微改良产品，这样的产品可以用于企业自身的产品改进。但是对于产品迭代或是新产品开发，低等级的需求无法形成拥有竞争力的产品。因此，需要针对开发的产品类型进行需求的发掘和撰写，找到高等级的重要需求。

我们以一个提篮产品（图 1-4-2）的需求撰写为例进行分析。

- 提篮在车上安装不方便。
- 提篮的曲度问题导致儿童乘坐舒适度不高。
- 产品本身功能单一，可以增加一些智能化的功能。
- 提篮作为出行产品，需要更丰富、便捷的使用方式。
- 提篮本身质量过大。

图 1-4-2　基于有效需求的提篮设计产品

以上需求撰写存在以下几个问题。

- 需求没有按照优先级进行排序。显然，"提篮作为出行产品，需要更丰富、便捷的使用方式"相比于其他几个细节方面的需求，优先级更高，也更贴合产品本身的属性。
- 需求描写过于模糊。"产品本身功能单一"是大多数需要进行创新的产品共性问题，因此要对产品可能延伸出的功能需求做最基础的调研，总结出若干个可能推进的方向后再撰写。

- 低等级需求过多。低等级需求不是没有必要，部分关于安全性的需求是设计后期需要重点关注的问题，但是低等级需求的特点在于其过于微小，难以形成用户感知。简单来说，设计团队花了很多时间满足诸多低等级需求的实现，但是在产品宣传中，并没有办法把这些改进作为主要卖点，甚至会让用户认为这是一些理所应当的设计。

（8）忽视法规及相关标准

一般来说，新产品除了要满足商业性和创新性上的基本需求外，上市前还需要确保满足外部机构提出的相关标准，如出自政府、测试机构、医疗机构的一些法规、标准、认证等。这些标准通常代表强约束性的强制性要求。

这些标准大多出于对产品性能和使用安全的考虑。例如，在儿童推车的设计当中，我们主要需要参考国家标准《儿童推车安全要求》（GB 14748—2006），该文件对儿童推车的各项具体结构进行了标准化的定义，对儿童推车各结构的相关尺寸、强度以及测试方法进行了明确的规定。规定的具体内容主要是防止儿童乘坐时跌落或者儿童推车的结构变化时夹伤儿童。

这些标准不仅仅是对产品的限制，也有着引导产品开发方向和宣传的作用。企业可以标准要求为基准，继续进行技术突破，提供更好的体验。消费者则更加倾向于信任和购买带有多个机构认证标识的产品。

（9）对新功能的执着

每个参与新产品开发的人员可能都对"新"有着一定的执着。对新功能和新形式的探索是新产品开发取得成功的基本要素，但如果对新功能的追求形成一种"新功能至上主义"，那么对于产品开发而言，可能并无益处。

新功能的提出在产品开发前期是很受欢迎的，毕竟在需求定义阶段，有尽可能多的创意可供选择可提高前期创意阶段的效率。为了实现这样的设想，我们需要对产品、用户做详细的调研，以获取足够多的使用细节和问题来产生机会点。但是这一流程需要在数量规模上有所限制，因为赋予一个产品过多的功能会导致产品本身过于累赘，后续会对产品结构和造型的规划造成困难，并且新功能可能在不经意间会破坏其他功能或是产品的主要功能。部分设计新手过于追求标新立异，令产品本身的重要功能为新功能让路，使得产品不像产品"本身"。

（10）无节制地追求"更好"

打磨设计想法和产品本身是一件好事，但是一旦超过合适的度，则会出现很多问题，即过犹不及。

在我们由于不知道是否"更好"而选择花费时间继续调整产品时，我们就会推迟用户接触并使用到产品的时间，而且会提升竞争对手先一步发售相似产品，并以该产品迅速占领市场的可能性。这样，我们的产品开发就陷入了被动的局面，继续对产品进行升级设计还是顶着压力上市参与竞争，这些问题都是陷入后手带来的被动。如果产品可以先一步上市，则可以更加广泛地接受市场和用户的检验，先一步获得更多的用户反馈数据，用于产品的升级和下一次开发。一个产品的上市未必是开发的终点，前面也提到可拓展性是成功的产品开发很重要的一个特质，因此要学会留给产品一定的改进余地。

此外，再仔细想一想，我们追求的更好就是用户眼中的"更好"吗？或许未必，设计时的打磨也存在边际效益递减的情况。在设计后期进行打磨时，更多的通常是对一些产品细节进行调整，不太可能对产品的核心功能和设计进行改变。因为已经到了收益较低的时刻，此时进行的调整更多的是低等级的需求，很难影响用户对产品的感知。因此有时所谓的"更好"可能是开发人员的"一厢情愿"而已。在产品开发过程中，我们也不必强求产品十全十美，只要让消费者觉得我们的产品比同类的其他产品更好、更有吸引力，并且足够我们推进整体营销策略就够了。

1.5　本章重点知识提取

- 产品开发设计是贯穿营销、开发、工程制造等环节的顶层设计，其终点是形成可用于生产、销售、服务的最终产品。
- 产品开发设计的成功与否主要依赖于以下五个维度：开发时间、产品研发成本、产品制造成本、产品质量、产品可拓展性。
- 产品开发是一项交叉学科活动，而在产品开发过程当中，工业设计、生产制造和产品营销是产品开发的中心环节。
- 缺少项目的详细规划、责任分配不明确、缺少应对风险的准备、工业设计师的自负、对用户的盲信、无法及时进行必要测试、无效的需求、忽视法规及相关标准文件、对新功能的执着、无节制地追求"更好"，是产品开发失败的主要原因。

第二篇

产品开发设计筹备期
——商业机会中的取"乱"之道

第2章 产品开发流程

2.1 产品之"新"

进行新产品的开发设计时，我们需要了解新产品的定义是什么。我国国家统计局对新产品有如下规定："新产品必须是利用本国或外国的设计进行试制或生产的工业产品。新产品的结构、性能或化学成分比老产品优越。就全国范围来说，是指我国第一次试制成功的新产品。就一个部门、地区或企业来说，是指本部门、本地区或本企业第一次试制成功的新产品。"我国比较明确地规定了新产品的定义，表明了新产品和老产品之间应在功能、结构、性能、成分等方面有明显差异，同时还需要符合市场的需求。我国对新产品的定义已经从设计生产以及市场销售这两个角度提出了新要求。

对新产品进行研究和开发的本质是为人类服务，并以提高人们的生活质量为最终目的。从企业角度出发，开发新产品的主要目的则是进行销售并获取商业利益，终端目标是消费者，因此满足消费者的需求是获取商业利益的基础。而优秀的新产品可以精准定位消费者的核心需求，直接提高消费者的生活质量。因此从企业与消费者的关系上来说，开发新产品的方向是一致的。

新产品的开发还需要满足地区差异与时代需求。世界各地区的政治、经济、文化、思想、宗教、自然条件等存在差异，对新产品的理解与定义也会有所不同。而随着时代的发展和变迁，新产品和老产品成了一种相对定义。因此开发新产品也需要考虑何时、何地、为谁开发等具体因素的影响。

结合新产品的定义和开发目的，对新产品的特点进行如下总结。

- 创新性：新产品需要在老产品的基础上有所创新。从企业角度而言，创新可以是采用新的技术、新的原理、新的工艺、新的材料等。从消费者感知的角度而言，创新可以是新产品具有新的功能、新的结构、新的设计，以及相较于老产品可以更好地满足消费者的需求。
- 商业性：新产品是用于销售的产品，其必须具备充足的商业属性，以帮助其更好地销售和触达用户，广泛地为用户提供帮助。
- 独特性：新产品设计时需要针对具体的地区、具体的用户进行深入分析，根据用户的差异化需求形成产品自身的特点。
- 时效性：新产品需要跟随时代的变化不断推陈出新，不存在绝对的新产品。不同时代的技术会存在巨大差异，不同时代的消费者需求也在持续变化，产品本身也会随着时间推移而被市场淘汰或再次焕发生机。因此时效性是新产品的一个重要特点。

按照新产品研究开发的方法和产品特点进行区分，新产品主要有全新产品、改进型新产品、系列化新产品、模仿型新产品和其他类型新产品。

（1）全新产品

全新产品是指融入了前沿技术，拥有新原理、新功能，能给用户带来全新的体验，能极大改善用户生活的产品。全新产品的出现通常会伴随着一些全新的理念，并且这些理念可以通过产品传递给用户，为产品提供用户黏性。由于开发全新产品需要极大的技术支持、设计支持、经济支持，因此它占新产品的比例相对较低。随着广大民众生活的日益丰富，各种各样的细分需求同步增加。这些需求的出现带来了新产品的设计机会点。

例如，在与帅丰公司合作的项目中，我们对用户需求进行了深入分析，对帅丰集成灶底部的烤箱模块进行了升级，设计了创新性的保鲜蒸箱（图 2-1-1）。我们主要针对当前智能家电中预约功能的实用性进行了分析。

当下，众多上班族早晨离家，回家时已是晚上，如果想使用烤箱的预约功能，就需要在早晨将菜品放入烤箱中。但是在南方较为湿热的环境下，菜品经过一天的放置必然会变质，这使烤箱的预约功能形同虚设。为了让上班族可以在下班回家时获得新鲜的菜品，让预约功能符合当前上班族的生活规律，我们为帅丰公司开发了保鲜蒸箱模块。该模块实现了快速降温以及 5℃恒温的保鲜新功能，可以使菜品在 12 小时内保鲜。用户在预约制作时，可切换为蒸烤模式对菜品进行加热，回到家后就可以享用制作好的菜品。

图 2-1-1　帅丰保鲜蒸箱

（2）改进型新产品

改进型新产品是指在原有产品的基础上改进得到的产品。改进型新产品相对老产品并没有发生本质上的变化，依然属于同一产品品类。但是在具体设计上，改进型新产品根据用户的新需求，结合了一定的新技术、新设计，赋予了产品新的功能。改进型新产品的结构功能会有进一步的提升，可以解决用户的新问题或者提升用户的使用体验感。这类创新方式的性价比较高。

例如，伴随着电子产品低龄化现象的出现，在线教学已成为教育变革的新趋势，学生使用电子产品学习将得到进一步普及。在这样的背景下，我们为天文公司开发了一款全新的网课"神器"。该产品在阅读架产品的基础上进行改良，应用超声波传感器实时监测儿童与电子产品之间的距离，自主调节电子产品与儿童眼睛的距离，并且会监测儿童使用电子产品学习的用眼时长，帮助儿童规范用眼、预防近视、合理规划学习时间。这款在网课时代、智能化时代升级改良的阅读架产品，符合时代发展趋势，为保护儿童的用眼健康提供了新的解决方案。

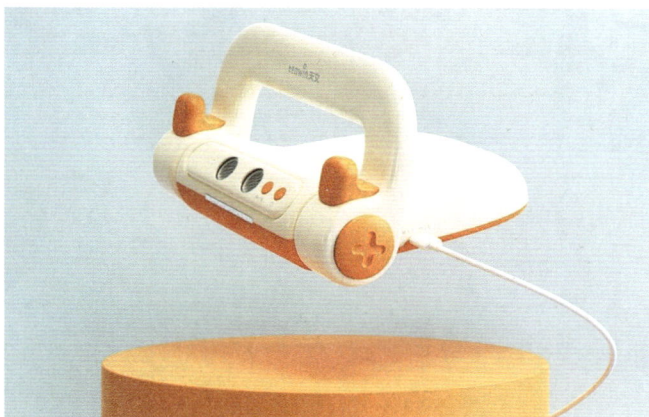

图 2-1-2　网课"神器"

（3）系列化新产品

系列化新产品是指借助企业原有的产品平台基础对产品进行系列化拓展，用一种或者多种新产品更好地占有相关市场。系列化新产品开发可以在原有产品的基础上进行外观、尺寸方面的拓展，也可以承接原有产品风格开发同系列的不同产品。系列化新产品占新产品的比例与改进型新产品相当。

例如，天文公司生产的儿童保脊书包（图 2-1-3）围绕"护脊"这一主题，经过多次迭代与升级，对产品的外观和护脊功能持续改进，给消费者留下了极深的产品印象。天文公司的护脊书包在对背部贴合部分的结构进行不断调整升级的同时，还在外观和配色上进行了系列化的继承，方便消费者识别同系列产品，使新产品可以更快地被消费者接受。

图 2-1-3 护脊书包系列产品

（4）模仿型新产品

模仿型新产品是指企业对市场上现有的产品进行模仿和微改良后投放市场的产品。此类产品的开发成本和难度相对较低，因此占新产品的比例并不低，但竞争力相对较弱。

（5）其他类型新产品

除了以上几类比较常见的新产品外，还有一些其他类型的新产品。例如，在某些情况下进行工艺结构材料的优化改进，使产品成本降低后重新推出的产品也可以称为新产品；同一个产品，进行传统意义上的改进优化获得的商业利益可能不足以达到预期，此时对该产品进行重新定位，挖掘新的细分领域，运用原有产品或技术，将原有产品以全新的定位推出，也是一种新产品开发形式。

2.2　产品开发服务了"谁"

新产品类型存在差异的原因在于，不同新产品的开发主体各自的情况不同，面临的问题也不尽相同，因此需要选择相应的产品开发战略和与策略相匹配的新产品类型，以达到各自不同的商业目的。

基于多年的产品开发实践经验，我们总结了以下四个主要的开发主体类型：初创期企业、发展期企业、稳定期企业以及瓶颈期企业。同时，我们为各种不同类型的企业总结出了一整套定制化、差异化的产品开发服务模型，可以根据不同企业的类型与现状，灵活地调整开发策略，以产品为核心，围绕产品市场状况、全流程研究型设计，为合作伙伴提供最大的商业成功可能（图 2-2-1）。

图 2-2-1　新产品开发企业类型

产品开发的服务模型主要有以下四个环节：产品战略定义、产品研发执行、研发落地执行、产品宣发包围（图 2-2-2）。该服务模型通过四个大阶段对本书的细致研发过程进行了概括。该服务模型可以根据不同类型企业差异化的需求对企业重点需求的阶段进行选择，为企业提供其最需要的产品开发支持。后面我们将结合案例简要地介绍该服务模型如何匹配四种主要企业的特点和需求。

技术报告
技术检测
智能开发

工程数据化
电器设计
机构设计

技术报告
技术检测
智能开发

创意激发
创意草图

专利申请
效果图
智能开发

研发落地
执行

产品研发
执行

服务模型

产品宣发
包围

产品战略
定义

空间设计
企业终端形象设计
企业识别设计
视觉形象设计

奖项申报
视频制作

用户调研
用户画像
目标用户

市场调研
趋势预测
产品线规划

竞品调研
技术报告
智能开发

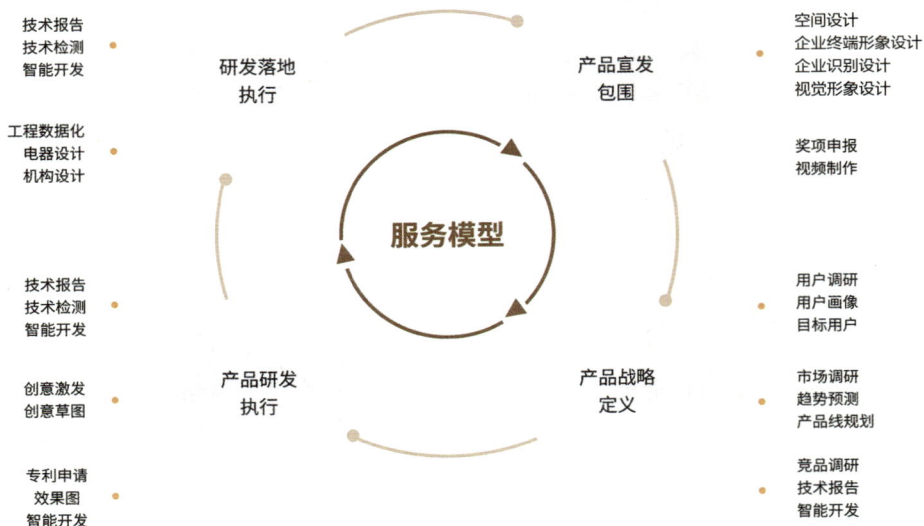

图 2-2-2　产品开发的服务模型

2.2.1　初创期企业

初创期企业包括刚刚起步的全新企业和刚开始转型的转型期企业。典型的转型期企业有以贸易为主的企业转型为生产型企业、以代工为主（OEM）的企业转型为自主设计型（ODM）企业等。初创期企业迫切需要一款突破常规的明星产品，一举进入消费者的视野，为后续的长久商业规划打下坚实的基础。因此初创型企业的研发关键问题在于新产品的目标用户是谁、用户需要什么、怎样的概念可以吸引并满足用户、新概念的技术如何实现等。针对这几个问题，此类企业的战略研发重点阶段就是产品战略定义阶段以及产品研发执行阶段。在这两个阶段进行重点研发，可以明确目标用户需求，产生新颖的产品概念。

例如，针对用户需求挖掘以及创新概念设计的需求，我们曾经在浙江省工业设计技术创新服务平台（以下简称省平台）的婴童耐用品研发项目中设计了一款羽翼安全座椅（图 2-2-3）。我们采用基于大数据的市场分析方法，从 3562 份调研数据中提取并总结了用户最为关注的儿童安全座椅产品的 4 大关键领域和 23 个痛点，并进行了用户画像的构建。我们根据前期调研的结果，找到了技术难点进行实验和突破，还进行了主要功能的智能模块化设计以及功能样机的试验，同时对儿童安全座椅的造型风格进行了全新的构建。最终该羽翼安全座椅获得了红点奖，达到了极好的产品创新与宣传目的。

图 2-2-3　羽翼安全座椅

2.2.2　发展期企业

发展期企业一般在各自行业内有稳定的优势，大多是传统型企业或新兴龙头企业。传统行业中的部分企业由于长时间的积累和发展，已经有了自身的优势以及一定的技术壁垒，形成了较为稳定的产业链。而新兴龙头企业是在一些新兴行业中最早抓住机遇，并将机遇转化为自身优势的企业。这两种类型的企业都处在一个相对稳定的环境中，但是稳定并不代表着绝对安全，发展期企业仍然存在竞争压力。传统行业中的企业若能突破自身的发展瓶颈，就很有可能与行业中更有优势的企业进入同一层次的竞争。因此如何更好地讲好产品故事，传播品牌，进一步激发用户的购买欲望，实现稳中求进，是发展期企业最主要的目标。

例如，集成灶的新兴市场发展迅速，产品同质化严重，各大企业都希望通过设计突破红海市场。我们对集成灶产品做了前期调研，以做菜火候的自动控制为出发点，结合人工智能算法开发了厨房全局监控系统（KOMS）（图 2-2-4）。该系统可结合分析灶具的各项数据，判断出当前的烹饪状态，按照需求来控制相应的电器组件。KOMS 能通过智能算法，对温度进行实时监测：判断出锅中干烧状态时进行安全防护；检测到油温或者锅温超标有不健康风险时，会对用户进行健康提示；将锅温实时地显示在界面上，并依据火力调节风量，掌握油温、锅温。我们对产品控制方式进行技术创新，在原有产品基础上迭代升级，打下了坚实的技术基础，辅助企业实现稳中求进的市场战略。

图 2-2-4　厨房全局监控系统集成灶

2.2.3　稳定期企业

稳定期企业历经长期经营后，在技术、资源以及设计上有着独特的优势。此类企业可以在产品开发服务模型中的研发落地执行阶段进行产品提升，达到"百尺竿头更进一步"的效果。通过怎样的产品族群特征规划去吸引用户、如何给用户带来更好的使用体验、如何提高用户复购的概率等问题，都是产品研发落地执行阶段的研究重点。同时，产品研发落地也会进一步扩大企业本身的影响力，作用到企业未来新产品的战略开发中，助力企业开启新一轮的产品设计与开发。

例如，浙江杭叉集团（以下简称杭叉集团）是国内著名的物流设备上市企业，产品技术成熟。我们利用省平台项目，基于稳定期企业自身的行业地位和产品基础，在产品开发服务模型中的研发落地执行阶段，为杭叉集团的产品进行了系统化的梳理和体系构建，提升了产品族群特征（PI）规划能力，并对各产品线的产品根据重新构建的产品族群特征进行迭代，突出了特色鲜明的产品视觉造型特征，达到了强化企业品牌力的目的（图2-2-5）。我们通过研究叉车行业的产品，洞悉了对标品牌及其产品线特点。同时，我们还参考汽车行业产品造型进行横向产业的风格分析，意图为杭叉集团的产品加入更为现代、精致的产品视觉特征。我们从车身造型的斜向侧线中获取灵感，为杭叉集团的产品进行了全新设计，并结合数据分析和生产工艺，为杭叉集团完成了全系列的产品PI迭代升级。

图2-2-5 杭叉集团产品 PI 塑造

2.2.4 瓶颈期企业

瓶颈期企业大致分为以下两种。一是传统行业企业。传统行业市场相对固化，整个行业已经呈现一片红海。传统行业企业众多，仿冒产品会快速出现，行业竞争十分激烈，大部分企业产品已经出现同质化现象。二是夕阳产业企业。随着生活方式与技术的发展，部分产业被新兴产业或技术所颠覆，成为夕阳产业。这些产业的企业往往面临市场份额下降、产品成本上升、环保压力增大等困境，难以实现可持续发展。但是随着时间的推移，产业内部会进行"自清洁"，市场会逐渐淘汰一些难以突破的弱势企业。因此长期处于瓶颈期的企业是存在较大淘汰风险的。对于处在瓶颈期的企业而言，如何从红海突围，在众多同质化产品中脱颖而出或及时转型是关键。针对这类企业，产品开发服务模型的重心在于产品战略定义与产品研发执行。通过在这两个阶段实现成功的转型决策或建立起核心技术开发能力，并依托研究和技术构建起难以模仿与逾越的技术壁垒，可以突破企业在瓶颈期的发展困境。

2.3 "新概念"开发方法论

在讲述"新概念"开发方法论之前，需要对常规产品的开发流程有个基本的了解。常规的产品开发方法是当前各类产品开发中最通用的开发框架。常规的产品开发方法包括普通产品的开发流程、面向软件产品的螺旋式产品开发流程等，了解常规产品开发方法是把握对应产品开发流程的基础。

普通产品的开发流程是针对常规工业产品开发设计，即从项目规划到概念开发再到系统设计以及后续的详细设计，针对后续设计进行测试与改进，进行生产与最终评审后投放市场。相较于其他类型的产品，普通产品的开发流程是最基本的开发流程，开发难度较小且周期较短，故可以采用被广泛使用的线性流程。

　　螺旋式产品开发流程来自当下一些互联网企业，是虚拟软件开发的常规方法。相比于基本的产品开发流程，这种开发流程针对详细设计的环节进行了测试评审以及多次迭代循环，确保了上线的软件产品是相对较完善的版本。螺旋式产品开发流程与软件产品自身特点息息相关。由于软件产品开发的成本较低，软件产品在详细设计阶段就有足够多的试错和调整机会，因此该流程设置了多次循环迭代的方式来完善产品。对于一些实体产品的开发，多次迭代循环的方式会导致产品开发成本急剧上升、开发时间极大延长，但是螺旋迭代这种开发思路在产品开发流程过程中可以借鉴。

　　本节内容面向普通产品的开发流程，将产品开发设计最重要的几个环节通过节点的形式进行了划分，以期帮助产品开发的新手理解产品开发最基本的流程（图 2-3-1）。

普通产品的开发流程——普通产品开发

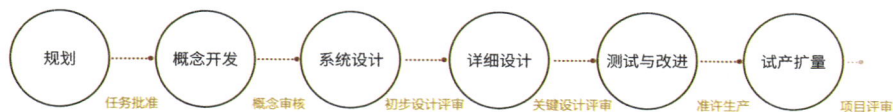

螺旋式产品开发流程——软件产品开发

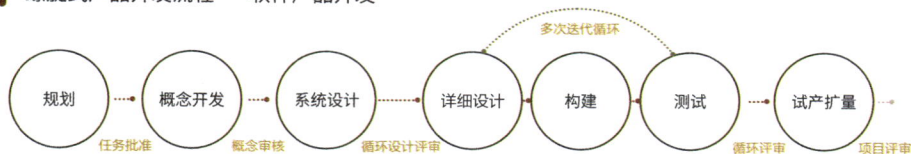

图 2-3-1　两种基本的产品开发流程

　　上述两种产品开发流程的重点主要集中在产品本身的相关开发环节上，而对于前期的企业需求、开发战略、用户需求以及产品开发后期的产品优化、产品推广等均未涉及。但是产品开发的每个环节间会相互影响，想要设计一款贴合用户、企业需求的商业爆品，不是单单对产品进行研究就可以解决的。因此我们的开发流程要更加注重全链路的概念。在研究创新型产品开发设计流程中，我们将产品开发设计分为四个主要阶段：产品开发设计筹备期、产品开发设计创意期、产品开发设计优化期以及产品开发设计落地期。每一个时期都包含产品开发设计的若干个流程。其最主要的开发流程是产品开发流程规划、项目的管理和规划、产品战略和设计定位输出、用户调研及需求分析、产品概念设计与概念测评、产品规格设定、产品细化设计、产品原型搭建、产品产前样制作、评估及优化、商业推广与服务设计以及最终的知识产权输出。最后，结合当前人工智能的发展，我们前瞻性地对未来的产品开发辅助工具进行了探索。只有对全链路的知识进行系统把握，才能为产品的开发设计提供更多优秀、实际的创新方案。

两种基本的产品开发流程均未对整个开发流程中各环节的重要性进行区分，仅仅是机械性的流程推进。而产品开发过程中的重点问题以及解决方法，都是需要建立在严谨的研究逻辑上才能得以实施的。我们从长期的设计研究中总结出了有助于提升各个设计流程有效性以及执行性的三个关键词：目的、方法、评价。设计团队需要明确每一个设计环节的目的，并结合相匹配的方法来执行相应的工作，最终由团队或者相关专家来评判执行的结果是否切实有效，确保每个设计实践环节达到预设的目的后，再进入下一个环节。这样的流程设置使得参与产品开发设计的成员在进行产品开发设计规划之前，就已经对该项目的整体性进行了提前的思考与规划，并且帮助开发设计人员找准了项目中的主要着力点。我们研究的创新型产品开发设计流程也可以更好地匹配各企业的需求，有利于企业与设计公司之间的合作，大大减少了企业方与设计公司之间的合作难度，提升了合作效率。对于各个具体环节当中的目的、方法以及评价的概念，我们会在后续各个章节中进行详细描述。

2.4　本章重点知识提取

- 新产品的主要类型有全新产品、改进型新产品、系列化新产品、模仿型新产品和其他类型新产品。不同类型的新产品有不同的产品开发方法。

- 初创期企业、发展期企业、稳定期企业、瓶颈期企业是当前市场上需要进行新产品开发服务的四类最主要的企业。在为它们进行产品开发时，需要根据企业自身的特点来制定产品开发流程，需要对不同企业进行有偏重的产品开发战略规划。

• 开发流程的设置需要我们明确每个环节的目的、方法以及评价，这样才可以系统地了解每个产品开发环节用到的开发方法，以及评价该环节完成的情况。

• 结合新产品的种类以及不同开发主体的差异化需求，我们可以总结出新产品开发的意义有以下几点。

① 开发新产品能够保障企业的生存和长久发展。

② 开发新产品对人们日益增长的物质生活和文化生活要求可以进行更好的匹配。

③ 开发新产品可以帮助各个发展阶段的企业提高其竞争能力以及经济效益。

第3章 项目的管理和规划

3.1 项目管理不是形式主义

企业通常拥有诸多部门、资源与人员，因此需要有具体的理论方法来进行协调，以保证开发活动在可控范围内顺畅进行，并最终输出高质量、低成本的产品，这个协调的过程及方法就是项目管理。

项目管理对产品开发设计有重要的意义和价值，它可以帮助产品开发设计团队在有限的资源和时间内，创造出满足用户和市场需求的优质产品。项目管理在产品开发设计中可以发挥以下几个方面的作用。

- 明确产品的目标和需求，将其分解为可操作的任务和里程碑。项目管理可以通过有效的需求分析和目标设定，帮助团队理解用户和利益相关者的期望与问题，以及确定产品的功能和特性；可以通过合理的范围界定和工作分解，帮助团队将复杂的产品开发过程拆分为简单的活动和子任务，并确定每个活动和子任务的输出与标准。这样，项目管理可以为产品开发设计提供一个清晰的方向和框架，避免出现目标模糊、需求变更、范围蔓延等问题。

- 合理地分配资源和时间，监控项目的进度和质量。项目管理可以通过有效的资源分配和时间安排，帮助团队利用好人力、物力、财力等资源，制订可行的计划；可以通过有效的进度控制和质量控制，帮助团队及时跟踪和报告项目的状态，并采取相应的措施来应对偏差与问题。这样，项目管理可以为产品开发设计提供一个高效的流程和机制，避免出现资源浪费、时间延误、质量下降等问题。

- 有效地沟通和协作，及时地解决问题和风险。项目管理可以通过有效的沟通管理和协作管理，帮助团队建立一个良好的信息交流和知识共享平台，促进团队成员之间的信任和合作；可以通过有效的问题管理和风险管理，帮助团队识别、分析、预防、解决项目可能遇到的问题和风险，并减少其对项目的负面影响。这样，项目管理可以为产品开发设计提供一个顺畅的环境和条件，避免出现沟通障碍、协作冲突、问题累积、风险暴发等问题。

• 不断地学习和改进，提高产品的创新性和竞争力。项目管理可以帮助团队收集、存储、传递、应用项目过程中产生的知识，并根据用户反馈或市场变化对产品进行必要的调整或改进；可以通过有效的评估管理，帮助团队评价项目的成果和过程，并总结项目经验教训。

3.2　高效、简单的项目管理方法

产品项目一般需要多人共同完成多种不同的生产活动，有效的项目管理能形成一个高效、低成本的生产过程，可合理使用时间、金钱以及其他资本。项目管理是为实现这些目标而对资源和任务进行计划与协调的，主要发生在项目规划和项目执行阶段。

项目管理的关键在于项目规划。在项目规划阶段，团队需要明确项目的目标、范围和时间表（图3-2-1）。对于企业来说，可能要设定一个新产品开发的目标，如在一年内推出具备先进功能和技术的新产品；同时，需要确定项目的范围，包括功能、设计和技术规格等。通过制作清晰的时间表，企业可以合理安排项目的进度和资源。

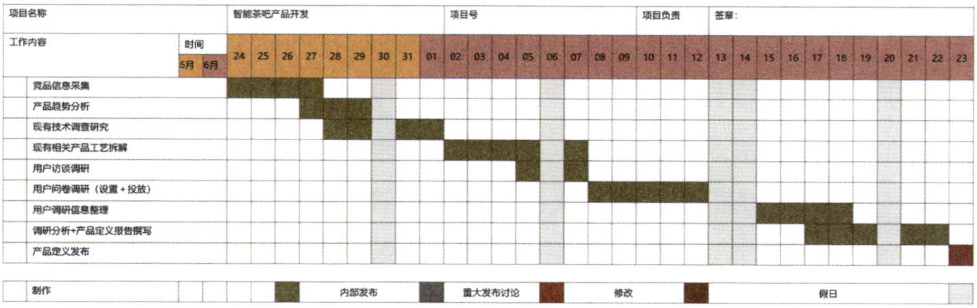

图3-2-1　智能茶吧开发时间表

然后是项目执行阶段。本阶段需要团队成员之间紧密合作，共同执行项目规划中确定的任务。团队需要进行市场调研、原型设计、软件开发、硬件制造等一系列工作；项目管理者需要确保团队成员之间的良好沟通和合作，确保项目按计划进行。

产品开发的项目进度关乎产品能否如期上市，能否抓住稍纵即逝的市场良机，对开发项目的成败影响巨大。产品开发项目进度计划是在企业已有开发策略及资源的基础上，以项目开发的整体工作量及工期需求为基准，面向项目中的各项工作的具体起止时间、相互之间的协调关系所拟定的计划。在具体的项目进度计划中，除了具体的时间点需要安排以外，项目所需的劳动力、需要准备的材料、可供项目推进的设备也应当做出具体的安排。同时，在项目具体执行过程中，需要根据一些弹性因素进行适当调整来保证项目进度正常。在项目结束时，也需要对项目目标的完成度、完成质量以及优劣势等进行总结与评估。

3.3 开会、复盘与评价

在产品开发设计中，项目评价也是至关重要的一环。评价可以帮助团队及时发现问题，并采取相应措施加以解决。企业可以通过用户反馈、产品测试等方式进行评价。根据评价结果，团队可以对产品进行改进，并进行必要的调整。这个循环往复的过程可以不断提升产品质量和用户满意度。

根据产品开发所处的阶段，项目评价通常分为三种类型：前期评价、中期评价和后期评价（图3-2-2）。前期评价是指在产品开发设计的初期阶段，对项目的可行性、必要性和合理性进行评价，旨在确定项目的目标、范围和计划以及预测项目的成本、收益和风险，为项目的实施提供依据和指导。中期评价是指在产品开发设计的中间阶段，对项目进度、质量和效果进行的评价，旨在监控项目的执行情况以及检验项目是否符合预期目标。后期评价是指在产品开发设计的结束阶段，主要目的是检验项目的成果和影响，总结项目的优缺点以及提出项目的改进建议。

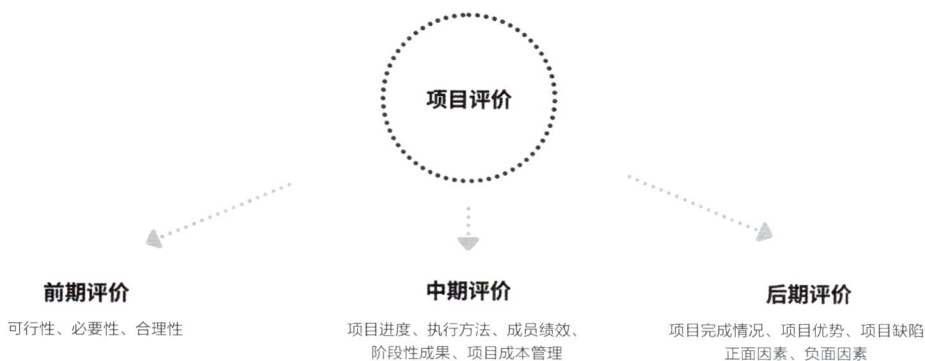

图 3-2-2　项目评价类型

在整个项目执行过程中，企业需对项目的健康程度进行监控，因此需要建立一种机制来评价项目的执行质量并做出及时调整。项目评价是指对项目的目标、实施过程、效益、影响和可持续性等方面进行系统的分析与评价，判断项目是否符合预期、是否有改进空间、是否有经验教训。项目执行过程中的主要评估内容包括以下几点。

（1）项目进度

项目负责人需要在日常管理中把握进度，特别需要关注对时间要求高的项目，并根据项目中开发活动的重要等级来合理调整时间，对于不可避免的时间推迟，需要有相应的预案来弥补时间上的损失。

（2）执行方法

产品开发项目过程中，不同阶段、不同职能部门采取的工作方法亦不相同，项目负责人需要根据进度的快慢以及相应的成果来判断工作方法是否具有足够的效率，如果答案为否，那么就需要及时做出调整。此时需要注意的是，有时产品的技术研发可以由外部引进技术代替，但策略上若与企业总体的开发策略相悖，则应当服从总体策略。

（3）成员绩效

这里要关注的主要是团队成员个体的工作量和成果。如果成员个人工作量严重超标，则需要考虑增加人手或分解任务以分担工作；如果不达标，则要根据具体情况进行人员调整或工作计划调整。对于个人成果而言，项目负责人切忌简单地用表格和数字进行量化衡量，而是需要根据个人在项目中的复杂程度、重要性等因素进行判断。

（4）阶段性成果

这里的成果并非指团队成员个人的工作成果，而是指项目整体的进度成果。如某项关键技术的研发可能包含多个领域的细分工作，产品外观可能包含造型、材料、色彩等具体工作，这些都是各成员分工协作的结果。项目负责人需要对项目进程中的关键性成果进行合理评估，如成果是否按期完成、是否达到既定的技术指标等。

（5）项目成本预算

尽管在项目之初就会有专门的成本预算，但在具体的实施过程中，由于技术研发的不确定性、产品设计的反复性，实际支出往往会超出预算。项目负责人需要根据进度、总预算等因素对超预算支出进行合理评估，找出问题所在，将成本控制在合理范围之内。

项目完成后有必要对整个项目的工作过程及输出成果进行评价，为项目团队成员及企业提供经验总结，这对今后其他开发项目有益。评审的过程被称为项目后评估，其内容包括项目计划的优点和不足、采用的开发流程、商业和技术结果以及执行的质量，形式通常采用开放式的讨论。讨论的问题主要如下。

- 项目完成情况：对照项目进度计划逐项进行检查，项目整体目标的达成和阶段性目标的达成都需要进行评估。对于没有完成的目标，需要分析原因。
- 项目优势：主要指开发时间、开发成本、产品质量、技术的可靠性和创新性、生产成本、内部资源、外部资源等。对这些要素加以记录可以作为其他开发项目的范本。
- 项目缺陷：需要找出原因，根据具体情况分析其是否可以避免，如果不能避免，则需要检查项目计划的制订、人员的配置、管理方法等方面是否存在偏差。

- 正面因素：主要指技术解决路径、产品设计方法、应用到的软硬件、团队协作的方式等。需要进行记录，可作为其他开发项目的范本。
- 负面因素：对于负面要素需要考虑其原因何在，出现的负面因素可用哪些对应的要素代替。

项目后评估是开发项目的最终环节，其形成的报告可用于其他项目的前期规划，辅助项目负责人在制订新的项目进度计划时更有前瞻性，帮助团队成员识别项目中应避免的问题。同时，该数据对于企业整体来说极具价值，能够为项目中出现问题的追责提供准确依据。

3.4　本章重点知识提取

- 项目管理的最终目的是通过有效地组织、协调和控制项目活动，创造出具有市场竞争力和用户满意度的新产品。
- 针对自身团队情况以及项目的整体情况，在合适且必要的时间点对项目完成情况进行及时的复盘与再规划是项目管理的重点。
- 项目评价方法主要有前期评价、中期评价和后期评价三类。不同评价时期的项目评价重点会存在差异。

第4章　产品战略、设计定位

4.1　产品开发战略指导

产品开发战略指企业根据市场条件，整合自身可获得的相关资源后确定产品开发方向，帮助企业进行稳定的生存以及长期发展。在产品开发战略中，新产品的开发是一个很重要的组成部分，是企业进行新产品开发规划的基础。产品开发战略的主要作用是帮助企业框定新产品的开发范围并指明新产品的开发方向。产品开发战略之所以基础且重要，最主要的原因是其能够在一定程度上防止企业将资源投向不适合本企业开发的方向或开发投入与产出比相对较低的方向。同时，产品开发战略可以帮助企业把握住市场机会，为企业谋求商业上的成功。

当今可供企业选择的产品开发战略有很多种。然而，选择或制订开发战略应当建立在企业的自身状况之上，只有这样才能有效地促进企业生存和发展。因此，我们需要总结优秀、合理的产品开发战略特点，帮助企业更好地判断和选择适合自身发展的产品开发战略。优秀的产品开发战略应当具备前瞻性、全局性、系统性和竞争性（图4-1-1）。

图 4-1-1　产品开发战略特点

前瞻性是产品开发战略中最重要的一个属性，主要包含两层含义。第一层是产品开发战略中的具体布局需要具备足够的未来性，战略可以反映该产品所在领域或产业的未来发展趋势，并且与未来发展趋势相符合。第二层是产品开发战略是一个相对长期的产品规划。企业在未来相对较长的时间内需要严格按照产品开发战略的规划方向去执行，不能朝令夕改。但是这种长期性并不代表停滞不前，企业自身情况的变化和市场的变化始终存在，因此产品开发战略需要根据市场情况与时俱进。

全局性是指企业在产品开发战略结合分析规划时必须考虑企业自身、社会环境等多方面的状况，如要在考虑自身经济情况、技术基础、人员构成等企业内部要素，对手产品情况，所处行业发展趋势，社会政策等内容后，再确定战略。

系统性是指产品开发战略在有了全局性的资料分析后，需要对内部的资源配置以及产品开发的先后顺序进行系统规划。可通过横向和纵向的系统性规划来帮助产品开发战略得到更好的实施。

竞争性是产品开发战略最终的目的。企业需要通过产品开发获取商业利益，优秀的产品开发战略可以在激烈的市场竞争中帮助企业获得足够的优势以占有更多的用户，获得广泛消费者的认可，开拓更大的新市场。

4.2 知"己"知"彼"，博采"众长"

产品开发战略的本质就是要解决我们的企业通过什么方法、卖什么产品才能取得长久的商业成功这一问题。该问题中存在的主体包括企业、产品、方法。很多企业急于探索什么样的产品可以快速占领市场而把全部的精力用于分析产品。然而，在确定卖什么产品之前，要先清楚"我是谁"以及"我在行业中的位置"。同样的产品并不一定意味着任何一个企业进行开发都会有好的商业效益。卖什么产品一定要结合企业自身产品情况以及市场条件来决定（图4-2-1）。

图 4-2-1　产品开发战略构建思路

　　进行产品开发战略规划前，首先需要对自己的产业、行业、企业、产品有清晰的认知。产业是产品的土壤和基础，每件产品所依附的产业对其有着至关重要的影响。产业由产品及相关资源构成，指的是由相互联系、分工协作的不同行业组成的业态。在现代社会，一件新产品的创新不可能凭空出现，必然是基于一定的资源经由一定的人力活动产生的，因此产业自身的状况直接决定了新产品的开发策略。产业的革命往往能催生诸多的新产品，原因就是产业体系当中的各个企业在根据新技术、新形势调整自己的产品开发战略。

　　企业在对自身有了相对翔实的了解后，面向潜在的竞争对手进行分析也十分重要。无论竞争对手的产品是否成功，都可以作为自身产品开发的参考。成功的产品可以进行对比，竞争对手推出具有技术的新产品具有良好市场反响时，企业通常会在加快自身技术研发的同时采取跟随型开发策略进行阻击，或是找到市场缺口进行创新以抢占市场份额。失败的产品可以分析是什么原因导致产品最终的商业转化能力低下。这些都是针对竞争对手进行分析后得出的结论，这个过程也可称为竞品分析。

　　要在知己知彼的基础上，寻找还没有被发现的市场缺口，或者从用户需求的角度发掘新的创新机会。产品是通过市场实现价值的，优良的产品会获得积极的市场反响；反之，亦然。因此，新产品的开发战略需要充分了解市场情况。市场中反映的众多数据，如需求人数、需求频次、竞争对手的经营情况等都可以很好地帮助我们分析该产品所处的市场情况。如果没有数据支撑，我们也可以通过实际走访进行调研估算。消费者更喜欢哪款产品？该产品的哪些特质最受欢迎？该产品的缺点是什么？哪些消费者在购买和使用该产品？购买的渠道是什么？同类的竞品有哪些？此类问题暗示着用户对产品的体验和预期，企业根据这些市场状况制定开发策略，能够有效地进行新产品的研发或产品的改良迭代。

　　产品开发战略的制定与发布。由企业自行制定或是由合作公司制定的产品开发战略，在面向企业进行发布时通常可以采用战略计划书的形式或采取图文结合更为生动的演示文档的形式进行发布。整份文档中需要含有对企业客观公正的分析、与其他竞争品牌之间的优劣势分析、针对市场情况和用户情况的针对性分析，最终形成导向性的产品开发设计定位。也可以针对更加具体的问题，或是环境的巨大变化趋势来叙述产品开发战略。下面选择三个产品开发战略案例，以产品、市场、技术为切入点，帮助大家深化对差异化产品开发战略的理解。

4.2.1　以产品为切入点（以帅丰集成灶产品线开发战略规划为例）

　　集成灶行业是一个发展较为迅猛的新兴行业。中途加入的新企业、新产品的数量非常庞大，当下的集成灶行业已经呈现一片红海的情况。然而，帅丰公司通过多年的厨电开发积累，已拥有相当成熟的集成灶开发技术和丰富的产品线，具备市场竞争优势。因此，依托帅丰公司自身丰富的产品类型，公司的集成灶产品线规划策略主要聚焦于企业内部的产品展开（图4-2-2）。产品线规划开发战略的重点在于规划帅丰产品线、确定各条产品线未来的主要发展方向，从产品族群的角度将各品类的产品直接对应到相应的目标用户，在各类用户当中都植入帅丰公司的品牌形象。

图 4-2-2 帅丰集成灶产品系列

从产品族群的角度而言，汽车类产品的产品族群特征是各类产品中最明显的。在此次产品战略规划过程当中，我们横向对比了奔驰产品族群的特征（图 4-2-3）。奔驰汽车最主要的是其前脸部分的线条、进气格栅以及大灯，再结合自身的品牌标志，形成了十分统一的产品形象。奔驰整体产品的调性和风格通过其品牌输出关键词"奢华"进行规范。同时，奔驰在其产品线 PI 统一的基础上，在各个不同的系列之间求同存异。每一个层级的系列在明确的目标用户定位下的外观装饰、材料、核心功能上逐层升级，依次递进。

图 4-2-3 奔驰产品线设置

通过与奔驰产品线的对照，我们对帅丰产品线进行了定义和规上的升级。依据奔驰产品线逐级递进的理念，我们设置了经济款、功能款、旗舰款以及概念款四个系列。经济款定位相对较低，以提升销量为主要目的，确保品牌有足够的用户触达率。功能款是主销产品，在经济款的基础功能上，逐渐将帅丰的创新特色功能铺开。旗舰款则主要将功能款的各项功能进行升级和整合，为主要利润产品。概念款则为帅丰的企业形象产品，它将帅丰企业自身的研发能力和设计能力展现给了大众，增强了帅丰的品牌影响力和用户信任感。在四款固定系列的基础上，我们还设置了参比款。参比款灵活机动，实时针对竞争对手的产品进行阻击，融入企业自身的研发优势来体现自身产品的价值（图 4-2-4）。

由于此次产品线开发战略的特殊性，我们需要针对各个不同系列的产品进行逐个的设计定位，以指导后续各个不同系列的产品开发。该案例很好地表现了产品开发战略中的系统性。在该开发战略中，我们的分析围绕着帅丰集成灶自身的产品进行。通过对帅丰公司内部自身现有资源、现有产品地系统分析，与汽车产品PI规划的横向对比来帮助帅丰产品线进行系统性的规划，帮助帅丰公司确定未来的产品战略与前进方向。

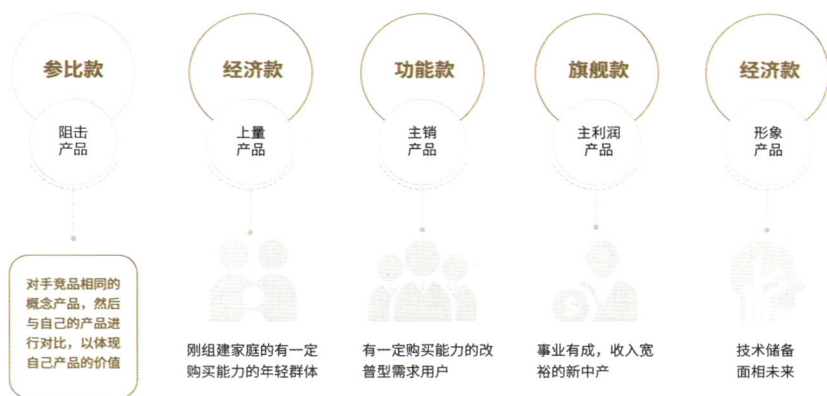

参比款	经济款	功能款	旗舰款	经济款
阻击产品	上量产品	主销产品	主利润产品	形象产品
对手竞品相同的概念产品，然后与自己的产品进行对比，以体现自己产品的价值	刚组建家庭的有一定购买能力的年轻群体	有一定购买能力的改普型需求用户	事业有成，收入宽裕的新中产	技术储备面相未来

图 4-2-4　帅丰集成灶产品线战略规划

帅丰产品线的开发战略实际上是一种系列化的开发战略。系列化开发战略是指企业围绕原有的优势产品，对产品不同方位展开延伸，从而开发出多个系列的不同产品或同系列不同尺寸、规格、档次的产品。系列化产品开发战略主要针对有一定设计能力以及开发新产品能力的相关企业。进行系列化产品开发可以加强产品的组合能力。同时，在消费者对该品牌有充足了解的基础上推出的新产品更容易得到消费者的信任。对于部分知名品牌而言，即便其新产品投放到一个全新的领域，用户也可以很好地联想到该品牌的产品品质，从而使新产品更容易得到市场认可。

4.2.2　以市场为切入点（以宅集配品牌开发战略为例）

以市场为切入点进行产品开发战略的思考时，我们要对市场中成功的产品、成功的商业模式有敏感的认知。每一个成功的产品或商业模式，其背后反映的一定是市场环境下顾客的需求。我们经常选择在单一产品或者品牌的基础上思考如何对产品进行创新，却忽略了从顾客端来思考顾客的真正需求。单个产品的成功反映的是用户对功能的需求，而某一种商业模式的成功反映的是某个大的用户群体的心理需求和产品选择倾向。例如名创优品，其主要销售的产品类型是一些复购率高、科技含量较低的日常消费品。同时，名创优品售卖的不是品牌化的产品，而是平台化的产品，即通过严格地选品为大量产品提供一个售卖平台。名创优品自身的品牌效应以及产品的快速更新频率，使这种平台化经营的商业模式取得了巨大成功。对于大部分名创优品的顾客而言，他们看中的并不是单个产品的品牌，而是名创优品这个平台带来的优质低价产品的保障。

结合名创优品这种平台化销售的商业模式思路，我们思考在家居建材领域是否也存在类似的模式。家居建材领域包含的产品需求（如工具类产品、小五金件以及智能小家电产品等）均是当前用户需求频率极高的产品类目，故这种平台化经营方式非常契合家居建材领域。

因此我们提出了"宅集配"这个品牌的商业模式设想，建设一个以建材、家居用品为销售主要产品的平台（图4-2-5）。根据这个平台需求的"低价优质""高频购买"产品属性，我们总结出了以下三条适合宅集配的相关产品开发战略。

（1）通过高频消费产品带动低频消费产品

高频购买产品一般指小件塑料用品以及一次性缝隙清洁用品和部分消耗品。这些产品是生活的刚需，且应用场景广泛。高频购买产品有易损耗、生命周期短的特点，是生活中需求量较大的消耗品。而低频购买产品是指质量较好的收纳部件、置物架及垃圾桶等生命周期较长的产品。可通过高频购买产品将宅集配的品牌以及高性价比的特点植入目标用户的概念中，以此带动一些高质量的产品的销售。

（2）通过引流产品撬动利润产品的销售

低价引流产品利润小、售价低、个人门槛低以及用户的试错成本较低，可以在低价产品上结合热点进行创意设计来引起用户兴趣。最终将用户带到企业的利润产品上来，保证利润产品可以进入大众视野。

（3）兴趣类产品带动改善生活类产品

针对目标用户的一部分刚需产品以及用户的兴趣点进行兴趣类产品的设计能引起用户的偶发性需求消费，再通过用户对产品高性价比的感知，引起用户对该类产品的高复购。企业在满足用户最基本的需求之后，会向用户推出改善用户使用体验的部分更专业、功能更强大的高位替代产品。这部分产品溢价高、产品利润丰厚，是企业的主要盈利点。

在通过以上三类产品战略确保企业产品的基本销售后，企业可以在关键产品上利用创新技术解决用户的痛点，并且可以营造话题来带动自身其他产品的销售。可以通过对结构的重新设计、智能化技术的植入、新材料特点的开发，构建自身的知识产权壁垒来确保未来产品的长期发展。根据以上三类产品的战略构思，我们构建了可以进行开发的产品列表。根据前面产品战略中提出的产品带动策略和引流策略，我们有序地针对相关品类产品展开创新点的寻找和设计。

宅集配

1	工具类（手动/电动）	螺丝刀、梯子、钳子、卷尺、套装
2	小五金	卫浴用途的毛巾架、挂钩等
3	创意小家电类	小风扇、小取暖器、灯饰、电吹风、电动牙刷、体重秤、体温计、小夜灯
4	电气类	灯泡、电池、插线板
5	智能小件	智能锁、智能晾衣架、智能手环、类似于米家系的智能小件（温湿度仪、空气检测仪、传感器）、智能水杯、扫地机、扫拖一体机、电脑及手机周边产品（鼠标、充电宝、自拍杆）
6	收纳类	家居厨卫的收纳、收纳盒牙刷盒、毛巾架
7	生活百货	地垫、相框、门垫、浴室洗湿垫、马桶刷、挂衣钩、衣撑、鞋架、落地衣架
8	美容美发（创意单品）	卷发棒、电吹风、美容仪
9	儿童益智玩具	尽量倾向于益智方向的小玩具（儿童手表、早教机）
10	炊具类	锅具、餐具
11	软装类	窗帘、墙纸、墙布
12	服务类	会员制的家庭维修服务（建立顾客黏性）

图 4-2-5　宅集配开发产品列表

4.2.3　以技术为切入点（以霍科智能冲奶机策划为例）

针对新技术的开发应用进行产品战略布局是一种极具竞争力的开发思路。过去，用户购买产品时会综合考虑产品的价格、功能、耐用性以及购买后产品给日常生活带来的用处，而现在的年轻用户在大数据的精准推送中接受了健康与智能的概念，这给生活、工作、社交带来了积极影响。年轻用户更愿意为了强化这样的人设标签而进行冲动消费。因此，对于一些有利于健康的智能产品，他们可以在短时间内做出购买决策。过去的用户更注重产品的核心功能以及性价比，也愿意为使用产品而付出一定的学习成本，但现有的年轻用户对于降低产品使用时的学习成本有了很高的要求。

因此，用户对产品的智能化和便利性提出了新的需求，他们更乐意为更加智能化和便利的产品设计买单。

霍科电器是一家以研发、生产专业化电器为主要业务的公司。在庞大的家用电器市场中，霍科电器敏锐地发现了母婴电器这一需求急剧增长的品类。在三孩政策的背景下，母婴行业的体量在持续增大，全新的机会点也开始出现。我们为霍科电器开发了一款智能冲奶机（图 4-2-6）。该产品针对中国式家庭的精致育儿方式，围绕高效、便捷、健康的理念，对现有产品进行了技术上的革新。

在当时的市场环境下，大多冲奶机产品的工作原理是将可直接饮用的水加热至 45 摄氏度后就进行奶粉冲泡，这一功能与国内将水烧开消毒降温后再用温开水进行奶粉冲泡的喂养理念极为不符。国内的部分冲奶机针对这一问题进行了改进，通过降温的方式使水温降至 45 摄氏度后再进行冲泡。但是降温的过程十分漫长，水在水仓中存储的时间长，容易滋生细菌，并不能真正地保证冲泡奶粉的水的水质健康和安全。我们主要针对这两个痛点对冲奶机的技术进行了大幅革新，达成了冲奶机内部水的 "速开速降"：在 1 分钟之内将水烧开，并且降温至 0~45 摄氏度。在单次冲泡后，水仓中没用完的水会自动清空，并且清洁内部的管道，避免水的二次应用，防止管道滋生细菌。

图 4-2-6　霍科智能冲奶机

在进行该产品的设计时，我们主要针对控制系统调试以及内部元件位置调整来实现产品的"速开速降"功能，用户在实际的操作和体验过程中不会出现其他多余步骤。在产品走向智能化的道路上，我们始终秉持一点：智能是实现产品功能的手段，而用户最终可以感知到的是使用智能产品时的体验，我们需要把体验放在智能前面。因此我们提出了"最好的智能是感觉不到的智能"这一概念，并对该产品提出了轻智能、重体验的定位。

我们从产品技术壁垒的角度出发，基于全新研发的"速开速降"技术，将该技术应用在后续全新的冲奶机、咖啡机、泡茶机等产品中，拓展了同一技术在不同场景中的应用，使不同场景下的用户对霍科公司的品牌以及相应技术的感知得以增强。我们将"速开速降"技术作为核心，借由核心技术向新的技术领域拓展融合，结合更多的相关技术（如保鲜技术、智能语音技术、互联网技术等），将产品由产品线拓展为产品族群，形成产品矩阵（图4-2-7），将智能化概念与霍科公司自身的智能产品融入用户生活的方方面面。

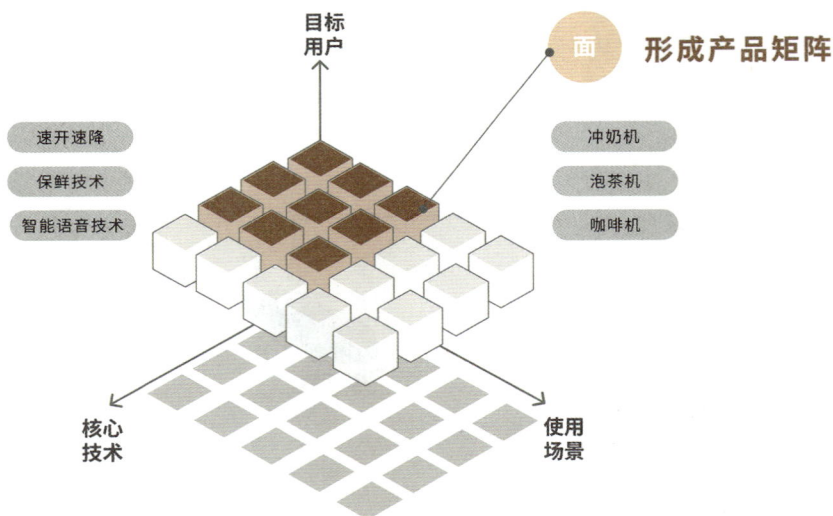

图 4-2-7　霍科公司智能产品矩阵

4.3　战略需要被"看见"

设计定位即产品在用户心中的认知。面对产品标签固化而失去新颖性与吸引力的难题，去除标签不失为一种合理战略。而去除标签的最好方式则是给自己打上另外一个标签，让用户被新的标签吸引。我们可以从以下几个方面设计定位。

（1）处于什么行业？什么类型的产品？主要销售渠道是什么？

我们设计的产品处于什么行业，是什么类型的产品，这是设计定位时要首先明确的。要明确自己设计的产品类型，防止自己对产品的定义偏离该行业产品的基本参数和使用要求。同时，也要明确自己设计产品的主要销售渠道。

（2）产品核心特点是什么？

我们需要明确产品的核心特点。核心特点即产品的主要创新点，是指产品最重要、最突出、最具竞争力的特性或功能。它对产品的市场竞争力和用户体验有着重要的作用，相比于其他产品或直接竞品而言，我们设计的产品最主要的优势是什么？可以是技术优势、可以是功能优势、可以是风格优势等。产品的核心特点是产品设计、营销和运营的重要依据，它对产品的成功与否起着决定性的作用。

（3）目标用户群体是谁？

在进行设计定位时，我们应该明确目标用户群体，简要描述他们的年龄、收入水平、习惯、共同经历和价值观等特征，以便更好地满足他们的需求。同时，我们还需要考虑用户所面临的问题和产品所带来的价值，以此为导向设计出更优秀的产品。

（4）我们产品的核心特点可以解决用户的什么问题？能给用户带来什么样的价值？

产品的核心特点是必须解决用户的问题并给用户带来价值，从而吸引到更多用户，赢得市场竞争优势。产品的核心特点应针对用户的痛点、需求和期望。

同时，产品的核心特点应该具有独特性。在竞争激烈的市场中，一个优秀的产品设计要能够突出显示其个性化且有特色的卖点，并能满足不同用户的差异化需求，这样才更有可能获得用户青睐。评估产品的核心特点的成功度是否达到预期的效果（或者还可以继续优化），通常需要考虑客户满意度、用户黏性、转化率、流量点击率等数据指标，以此来掌握用户的使用习惯和消费行为等核心信息，优化和改善产品的设计。

在设计产品核心特点时，需要考虑产品是否满足用户的需求、是否具备独特性以及是否达到预期的效果。通过准确把握用户需求、不断优化产品设计，有效提升产品竞争力后，可带来可观的市场收益。

（5）如何匹配和强化产品在用户心智中的定位？

设计定位是一个需要明确加强匹配和强化产品在用户心智中的定位的方法。我们可以从用户的外观偏好、工艺定位、产品价格和主要销售渠道去定位用户想要达到怎样的效果。用户的外观偏好往往和产品材质、表面处理等细节相关。定位外观偏好有利于后续的设计选择。在工艺方面，可以根据用户的外观偏好，对产品的造型和细节进行初步的定义。同时，工艺的定义和后续的价格定位也紧密相关。产品的价格定位和用户的群体定位有直接关联。需要将价格定位在该主要用户群体合适的消费范围之内，并且针对产品本身的特点和当时的市场情况，对产品的主要销售渠道进行简要描述，表明产品触达用户的方式。

4.4 本章重点知识提取

- 企业根据市场条件，整合自身可获得的相关资源来确定产品开发方向，帮助企业进行稳定的生存并实现长期发展。
- 优秀的产品开发战略应当具备前瞻性、全局性、系统性和竞争性特点。

- 制定产品开发战略的基本简要流程可以概括为知己知彼，发现市场机会。
- 通过结合产品战略，我们最终可以确定产品的设计定位。设计定位包括面向以下几个方面的描述：产品所属行业、产品类型、产品主要销售渠道、产品的核心特点、目标用户群体、产品在用户心目中的主要价值以及定位强化方法。

第三篇

产品开发设计创意期
——从用户到创新

第5章　用户调研及分析

5.1　切入目标群体

　　一切产品创意的出发点和落脚点都是目标用户。目标用户的需求决定了产品开发方向以及产品最终的功能，目标用户的满意度会直观地体现在产品的市场效益中。所以对目标用户的数据挖掘程度直接决定了产品的市场效益。如何切入目标群体，我们可以大致分为两个方向，即业务需求和用户需求（图5-1-1）。

图 5-1-1　切入目标用户（业务需求）

　　业务需求是新产品开发的纲领，表明了企业需要达到的各项业务目标，可以帮助工业设计师了解用户数据的方向与限度。业务需求集中体现了企业或设计团队的相关资源及能力，这些基本条件决定了用户数据可以被开发到何种程度，或者确定设计团队可以从哪个方向进行突破，从而获得足够多的创新信息。

　　面对新的机遇，在研究用户目标时，首先要深入理解业务需求，即理解业务运转逻辑。在研发过程中，了解研发的生命周期、研发的目标及侧重点、当前业务的重点思考方向及困惑点。因此，我们需要了解业务需求，多站在行业的角度去思考问题，为行业创新带来新的思考方式和启发。深入了解业务需求的第一步是确定有哪些相关人员将参与设计，如高管、经理、营销团队和其他关键决策者等。一旦确定设计人员，工业设计师就应该与他们密切合作，了解设计的目标和目的，包括了解目标市场、业务战略、收入目标和其他关键指标等因素。

除了理解业务目标外，工业设计师还应该了解可能影响设计的一切约束，如预算、时间和技术需求等，了解这些约束条件对于设计人员创建满足业务需求的产品和服务至关重要。在了解完业务需求后，设计人员才可以根据具体的业务需求列出相关的调研提纲，进而深入了解用户需求。理解用户需求包括收集用户的行为、态度、动机和痛点的信息。通过了解这些因素，工业设计师可以设计出满足目标受众需求的产品和服务（图5-1-2）。

图 5-1-2　切入目标用户（用户需求）

用户需求是指目标受众的需求、行为和偏好。它们可以被定义为产品或服务必须具备的一组功能和特性，以满足用户的需求与期望。用户需求通常包括可用性、可访问性和用户体验等因素。为了深入了解用户需求，设计人员和开发人员必须进行用户研究，了解目标受众的需求、行为和偏好。过程中需要通过各种研究方法（如调查、访谈和可用性测试）收集用户需求和偏好的数据。深入理解用户需求可以为产品开发提供清晰的路线，确保产品或服务满足目标受众的需求和期望。用户的每句话、每个行为都蕴含着极其丰富的信息。洞察用户时应注重真实和深入，无论是定性还是定量的研究方法，一定程度上都会带来偏差和误差。我们应该在最贴近研究目的的基础上保证尽可能真实，尽量减少信息传递和接收过程中产生的误差及调研方式产生的误差。如果说真实决定了下限，那么深入就决定了上限。在调研中，不应停留在所见即所得的层面。用户研究中最重要的是洞察人的需求，其次是信息的整合处理，最后才是基础信息的搬运工。

5.2 用户信息获取

对于不了解的产品或是未曾接触过的工作环境，设计团队需要花费较多的时间去现场观察和了解。

我们在与帅丰公司合作的集成灶烹饪过程调研中，将现场观察法与用户旅程图相结合来确定用户角色，以用户的视角观察产品使用的整个过程（图5-2-1）。将用户使用产品的流程合理拆解成各个阶段、理解用户使用产品的流程、通过用户接触产品的行为节点以及不同节点的目标汇集来依次确定阶段。同时，确定烹饪流程的核心或关键步骤，并依次向前和向后进行梳理。

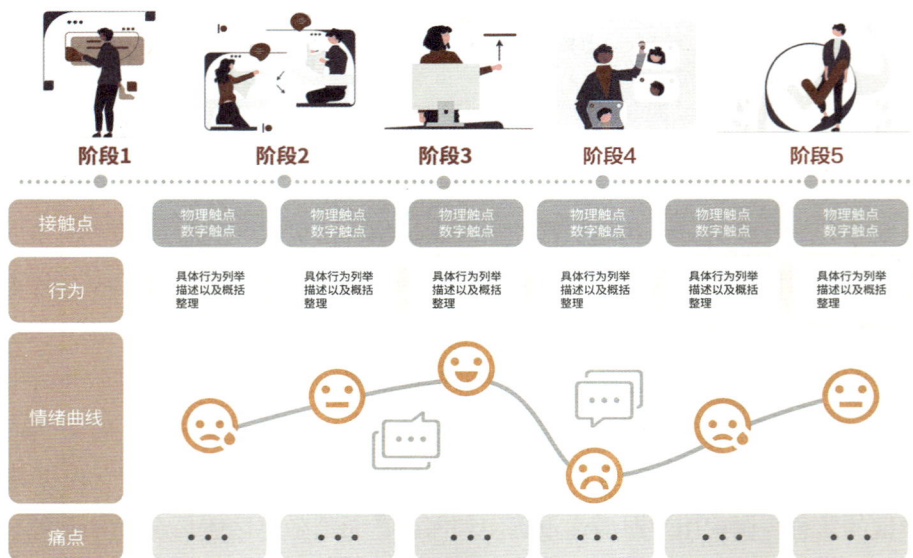

图 5-2-1 用户旅程示意

在帅丰集成灶烹饪过程调研中，烹饪流程被分为三个阶段，分别是前期的准备阶段、使用时的做菜阶段以及最后的清理阶段。应梳理出主要信息，更深入地了解用户需求，将每个使用阶段的触点、行为以及痛点罗列展开，更加深入地了解用户的实际需求。用户对于如何使用产品的理解和客观评价往往体现在其日常生活中的使用行为、思考以及直观情感中。用户行为不仅体现在用户与产品实际接触的方面，还需要考虑整体使用目标下的非接触的部分。触点主要分为以下三大类。

- 数字触点：如显示屏幕、手机界面等，能够起到引发深度互动的作用。
- 人际触点：如服务者、用户、运输人员等，能够起到传播品牌文化的作用。
- 物理触点：店铺设计、宣传手册、品牌标识等，能够起到突出品牌价值的作用。

每个触点就是一个记忆点，不同记忆点最终会形成一个整体的体验。

在帅丰集成灶的用户研究中，我们通过现场观察，将烹饪过程分成准备阶段、做菜阶段和清理阶段，再根据三大类触点进行重要信息的提取。根据做菜的流程进行梳理，准备阶段主要以与食材接触为主，同时需使用与食材处理相关的产品，该阶段以物理触点为主。与食材相关的主要痛点为厨余垃圾的处理和处理食材产品的使用、收纳与摆放。同时我们发现，多人一起合作烹饪时，也会触发一些人际触点，在准备阶段主要起娱乐作用。烹饪阶段是使用产品的主要阶段，也是我们最为关注的阶段。整体是使用灶具流程的观察，观察后围绕灶具展开梳理，最终再将痛点进行归纳整理。烹饪的最终环节是清理环节，我们可以在这个阶段观察出一些产品使用后的隐形问题，这个环节对于提升产品的用户体验感是十分重要的。

观察法（图 5-2-2）是挖掘问题和机会点的工具，但不是最终解决方案。结合前面所介绍的，在帅丰集成灶的用户研究中，根据观察产品的使用流程可以很好地梳理现有产品的使用痛点，根据观察中得到的触点可以快速找到现有产品改进的机会点。归纳整理出的现场观察发现的共性问题就是后期设计的突破口。

图 5-2-2　观察法

在天文课桌椅的企业调研中，我们首先需对人群细化分类进行观察。不同年龄的儿童对课桌椅使用需求具有差异性，我们根据这一点对调研人群进行第一步分类；再对他们的产品使用环境进行细致的观察，归纳出不同年龄段在课桌椅使用中的共性机会点。这样就可以将不同年龄段的用户需求也进行再一次细分，使我们可以更好地了解用户相关信息，获得更深层次的用户需求（图 5-2-3）。

无论是由用户行为观察分析入手，还是分析观察产品的使用环境，都是可以关注的现场观察角度。由用户行为观察分析入手，主要分析用户的主流路径，可以发现使用流程路径问题和优化路径前进方向，最终成果可以聚焦到某一产品设计，也可以是整个产品使用中的服务设计。环境分析入手更加聚焦于产品本身，更关注产品的使用环境。两种分析思路相互融合，只是在观察过程中略有偏好。

> 观察发现，除两户幼儿园家庭外，其他家庭基本将儿童桌椅放置在孩子专属的儿童房里，房间基本在 10 平方米及以下，且书桌旁大多放置两把椅子或床，供家长陪读、陪玩。

图 5-2-3　环境观察法（结合学习环境分析）

5.3　如何发现问题

用户问题发掘的目的是针对问题的特征、变量的种类和其他原因，采用相应的分析方式获取与问题相关的主客观数据，从而为认识某种未知的事物或检验某个观点奠定基础。研发产品有许多途径，一般通过总结现有知识得出，影响研发途径决定的主要原因有研发的环境、产品的设计阶段、产品所在生命周期、产品的生产时间、产品的成本等。

定性研究通常用于深入分析小规模样本，旨在揭示新现象并深入了解事件发生的原因。样本数量通常为 10~20 个，不追求精确的结论，只了解问题之所在，摸清情况，得出感性认识，如用户访谈（深访）、专家深访、焦点小组、现场观察、亲和图法、眼动测试、可用性测试等。定性研究中常使用现场观察和用户访谈（深访），相比于其他研究方法，这两种方法的可操作性更强、可适度更高。

在定量研究中，以使用在线大规模调查问卷、满意度调查 A/B 测试和专题研究为主，现有的大规模调查问卷软件工具成熟，可以更加直观地看到数据结果；满意度测试和 A/B 测试可以更高效地得出结论；专题研究可以更好地在项目中找到深入研究方向并做出显著成效。

5.3.1　深度访谈

对用户进行深度访谈是一种重要的定性研究方法，该方法门槛较低，但是对访谈能力以及访谈技巧要求较高。

深度访谈法主要用于探索性研究。当发掘目标顾客对某一产品产生深层动机时，可以采用深度访谈法。在这一过程中，我们需要灵活应用各种访谈方法，包括文字联想法、语句完成法、角色扮演等，这样可以拉近我们和受访者的距离，以便更好地与目标用户进行访谈。此外，在进行深度访谈时，更重要的是倾听并判断被访者的个性，同时进行引导性的询问。

用户访谈的第一阶段是设计访谈大纲。进行用户访谈前需要有充分的准备和计划，具体取决于研究的广度和深度。可能需要大量的时间来了解需求并准备访谈大纲。然后需要花费数天与用户进行交谈，并花时间整理用户记录。

定义访谈的核心主题是开始的第一步。如在儿童安全座椅的调研中，该研究的核心主题可能如下。

"为什么消费者会选择这款儿童安全座椅？"

"消费者是如何使用的？"

"对我们的消费者而言，如何使用同类型产品？"

第一阶段是深度访谈前的准备阶段。该阶段主要了解用户基础信息以及使用产品基础信息，同时也要充分调研了解现有儿童安全座椅的品牌特点和热销产品。

第二阶段是访谈阶段。在与受访者进行访谈时，要尽可能地让他们在陌生的访谈空间中轻松自在，这时一个破冰对话是非常有必要的。访谈阶段的核心是研究人员提出问题并与受访者讨论相关主题。问题可以是开放性的，以鼓励受访者提供详细信息；问题也可以是封闭性的，以获取具体的答案。研究人员还可以使用追加问题来深入挖掘受访者的观点。在访谈中，我们选择以身边的朋友为主，访谈对象的选择能帮助我们在访谈过程中更加放松，营造一个轻松的氛围有利于我们得到更加真实的结果。访谈可围绕用户现有产品的使用体验展开，通过访谈可以了解现有产品最真实的使用现状。访谈问题主要以开放式提问和引导性提问为主，可抓住用户回答中的关键词引出下一个问题，从访谈中了解用户对产品的偏好和使用现状。例如，如果用户提出曾经更换过儿童安全座椅，我们则需要敏锐地对这个现象进行追问"是什么时间换的？""更换的原因是什么？""为什么选择换了这个品牌的产品？"等。获得的信息越全面，越有利于我们探索受访者在各个时期的需求或心理状态，挖掘时刻变化的用户需求。

第三阶段是总结与结束阶段。在访谈接近结束时，研究人员通常会总结讨论的主要点，并确保受访者没有遗漏重要信息。然后，访谈以感谢受访者的参与结束。

第四阶段是数据整理与分析阶段。访谈一旦结束，研究人员会整理和分析访谈数据，包括整理笔记、整合音频与视频记录，并将数据与其他访谈数据进行比较和分析。深度访谈后，将聊天内容整理为文字文档，最后将访谈中的关注点、痛点、需求点分类整理。在操作和观察四位用户时，可将他们分为新手用户与经验用户两组做对比。

第五阶段是报告与应用阶段。将了解到的访谈内容整理成报告文档以便后续使用。我们在项目中通过重新梳理产品使用流程，按照前、中、后期归纳出普遍存在的问题，再根据用户反馈得出机会点（图 5-3-1）。

用户访谈阶段

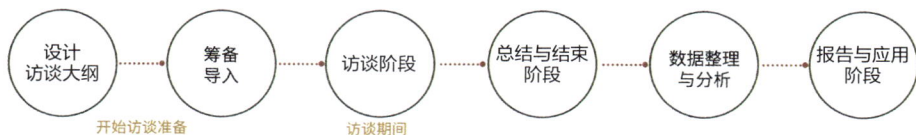

图 5-3-1　用户访谈流程

5.3.2　问卷调研

定量研究方法适合对大规模的样本进行分析，适用于揭露正在发生的事情，一般是为了对特定研究对象的总体得出统计结果而进行的。最常见的定量调查方法是在线大规模调查问卷。针对更为具体的需求，我们还可以进行满意度调查、数据分析、网站日志分析以及A/B测试等。

在线大规模调查问卷是定量研究的一种常见形式，操作简便，可在短时间内收集大量数据。然而，确保数据的真实性仍然是一个难题。在制作问卷时，确定问卷中所有问题的形式以及放置的位置是很重要的。问题类型主要有答案不唯一的开放式问题、答案唯一的封闭式问题以及主观回答问题。进行问题设置时，也需要对问题的措辞进行斟酌，确保用词足够清晰，避免诱导性问题，以免影响回答者真实的想法。

我们在儿童安全座椅的项目调研中收集了近500份线上调查问卷，大基数的调查问卷可以了解当下用户对现有产品的基本认知情况以及普遍存在的问题。该问卷设置了20道题，其中3道为基础个人信息题。在制作在线大规模调查问卷时，调查内容过多、问卷长度过长以及题目过多都会导致参与者对调查问卷产生抵触心理，使参与者在后续回答问卷的过程中感到不耐烦，最终导致收集到的实验数据不够真实。因此在进行问卷制作时，需要站在用户的立场进行考虑。一般在设置问题数量时，以10~20题为最佳，回答时间控制在10~15分钟为宜。同时，要避免收集过多的个人信息，被调查者可能因为担心个人信息的泄露而拒绝调研或填写虚假信息，导致问卷可信度降低，影响调查结果最终的可信度。与个人信息相关的问题可以布置在相对靠后的位置，在问卷开头便进行大量与个人信息相关问题的提问会引起用户的戒心。

本次调研通过用户访谈了解用户的基本信息，通过基本信息对人群进行细分，同时归纳整理产品日常使用中的使用体验，在了解现有产品的普遍痛点后再进行下一步分析。这样可以更好地了解用户对现有产品的使用细节，通过用户访谈来分析未来趋势。儿童安全座椅调研分为基本信息调研、使用体验调研以及趋势分析三大板块（图 5-3-2）。在使用体验调研中，主要以现有产品体验为主。现有产品在使用过程中的安装问题是目前普遍存在的问题，现有的儿童座椅较为沉重、体积较大，这给收纳和搬运都造成了困难，并且针对女性用户而言，频繁拆装是一件十分复杂的事，通过调研得知，能够熟练使用者比例极小。在调研最终的小结中，提出针对普遍存在的按键使用不明和儿童抗拒乘坐的问题，重点考虑儿童安抚设计，并且所有可操作件的使用需要与功能对应，符合使用语义。在安装调试阶段，针对安全带安装普遍存在的缠绕、扭转困难，安全带角度调节困难且拆装、反装困难，按钮的使用不明确等问题，我们提出设计了多档位的调节并且对正确安装给予反馈，对不正确的安装给予提示，并在使用时给出体重、身高、状态适合的档位提示和 360 度方便旋转的功能。

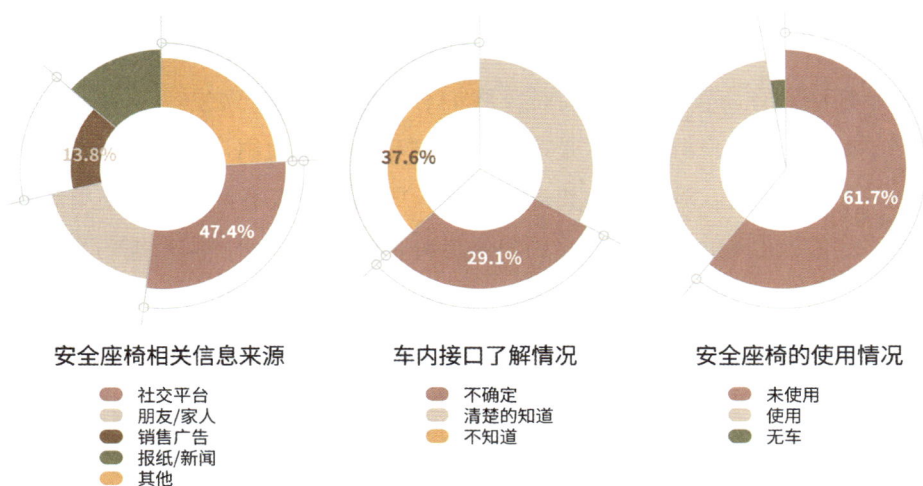

13.8%　　47.4%　　37.6%　　29.1%　　61.7%

安全座椅相关信息来源　　车内接口了解情况　　安全座椅的使用情况

- 社交平台
- 朋友/家人
- 销售广告
- 报纸/新闻
- 其他

- 不确定
- 清楚的知道
- 不知道

- 未使用
- 使用
- 无车

图 5-3-2　儿童安全座椅线上调查问卷（节选部分）

5.3.3　用户画像的制作

通过实地观察，我们可以对用户进行初步分类，建立标签和权重体系。这个过程包括对用户、产品、事件或环境的显著特征进行深入的分类归纳、精简提炼和全面总结。这样的分类体系不仅能够帮助我们更准确地理解用户的特征，还有助于构建更为精确和细致的数据模型。通过这种方法，我们能够更全面地把握观察到的现象，为进一步分析和决策提供更有力的支持。将相似痛点进行归纳，同时对人员进行分类归纳。标签化有助于我们更好地洞察与理解消费者的需求和行为，为后续用户画像的制作提供铺垫。用户画像中除了有静态数据（用户的人口属性、兴趣偏好），还包含动态数据（用户的行为动作）。用户画像中的动态数据收集可以采用聚类和关联规则、逻辑回归等方法，分析各种数据后，可发现数据间的相关性，而这些数据有一部分可由现场观察得到。用户画像描绘了用户的目标、动机、习惯、喜好，所以为了更贴近真实的用户，我们需要更好地观察用户。

在帅丰集成灶的用户研究中，我们结合之前观察用户收集到的各种用户数据，包括基本信息（如年龄、性别、地理位置）、行为数据（如购买历史、网站访问记录）以及用户喜好和偏好，根据之前的用户研究（问卷调研和观察法），更深入地理解用户需求、期望和痛点，分析收集到的数据，识别使用模式、趋势和共同特征。我们可以根据上述的数据分析和用户研究结果，制作用户框架。这是用户画像的基础，包括用户的关键特征、需求、愿望和特点。对用户框架进行更深入的细化，将有助于我们更好地满足目标用户群体的需求。描述用户画像时，需为每个用户画像编写更为详细的描述，如人物故事、喜好、痛点、使用场景等。在帅丰集成灶的用户调研中，我们描述了详细的个人信息，提炼归纳了知识经验、品牌故事、信息渠道和态度与期望。最终将用户画像可视化地呈现出来，并在后期定期验证用户画像，根据新的数据和趋势进行更新（图5-3-3）。可使用用户画像来指导产品设计、广告营销、用户界面设计等更好地满足用户的需求和期望。

没有使用过集成灶，想更换集成灶

- 一开始**不了**解集成产品，朋友推荐说集成灶吸净率高、噪音小，特别适合小型厨房，所以也想换台集成灶试一试，改善厨房环境。
- 很喜欢做饭时候的体验，享受烹饪的乐趣，可以获得一定的成就感，但是因为工作的原因，厨房的**使用率不高**，工作日基本上都在外面吃或者点外卖，只有晚上会给自己**煮个面**，一般都很省事，只有周末的时候会做些好吃的，偶尔朋友来家里聚餐也会露两手。
- 家里**空间比较小**，90多平方米，**厨房空间不大**，听说集成灶**比较省空间**，这也是我选择它的一个原因，但是上网一搜，发现款式都一个样，不是黑的就是灰的，感觉与我的装修风格不太匹配，所以我还要再找找，看一下有没有和我装修风格相近的产品。
- **我制作的菜式比较丰富**，除了拿手的几个炒菜，还会根据网上教程学做一些油炸类食品，或者蛋糕千层，只要我觉得我能做的我都会试一下。
- **一般待厨房时间都会比较长。**

观察对象

金先生

独居文艺青年

年　龄:27岁
职　业:程序员
居住情况:小户型独居中，住房面积90平方米，工作日经常加班，下班时间并不多，但很享受自己下厨的时刻，朋友和同事偶尔会来家中聚餐一起做菜

知识和经验	产品与品牌态度	信息渠道	态度与期望
不了解集成灶产品 阅读集成灶说明书 不熟悉安装和使用	节省空间 适合小厨房 吸净率高	网络测评 朋友推荐	吸净率高 节省空间 储物空间大

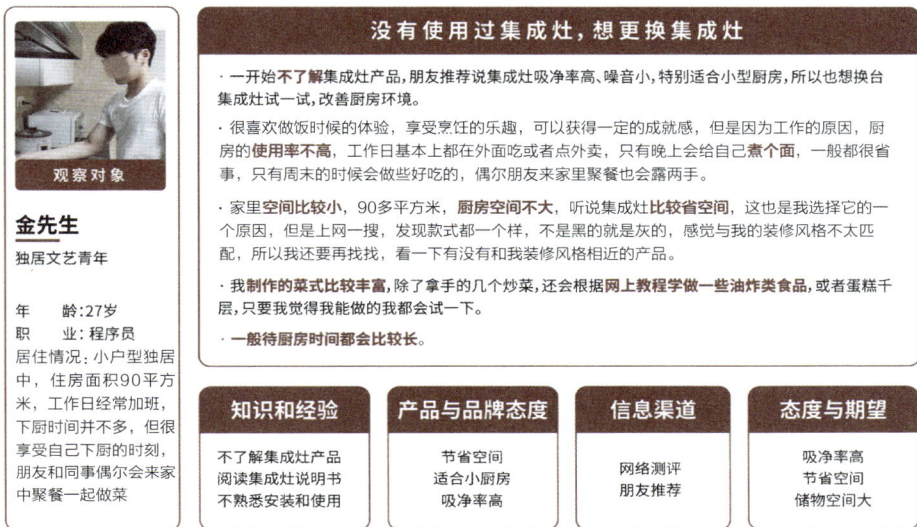

图 5-3-3　帅丰集成灶用户画像输出

5.4　专题问题研究

在专题问题研究中，我们针对固定项目挖掘问题，发现产品设计需要更加深入和专注地关注特定主题或领域，如在书桌项目中研究光照模式和在集成灶项目中研究人机交互。在专题研究中，我们要清晰地定义研究的目标和主题，明确要研究的领域以及感兴趣的具体产品或问题。我们要针对问题开展广泛的文献查找，研究领域内的相关研究和专题，了解已有的知识和已知的问题，这样有助于确定尚未解决的问题和潜在的设计挑战。如何发现问题对前两项研究具有重要作用，其在整个可行性研究中扮演至关重要的角色，同时为下一阶段项目规划提供了明确的方向。

我们在天文公司的儿童学习桌椅用户研究项目中，专门针对儿童学习桌椅大健康进行了专题研究:生理健康和心理健康。生理健康涉及脊柱健康和视力健康的研究，心理健康涉及学习的主动性、专注度以及情感化陪伴研究。在专题研究中，我们主要侧重光照环境对视力健康的影响研究，验

证了不同光照模式和色温对学习的影响。4~12 岁的儿童，尤其是 9~12 岁的儿童，开始进入快速生长阶段，智能化的尺寸调节设计在这一阶段开始突出传统书桌所没有的优点。所以，我们将儿童年龄段分为 4~6 岁、7~10 岁、11~12 岁三个年龄段，并取 P25~P75 的人机尺寸为依据。重新定义正确坐姿为书写时桌板与水平角度为 10 度，将座椅背靠角度设定为 5 度、阅读时桌板与水平角度为 30 度、网课学习时设备与水平角度为 45 度、绘画时桌板与水平角度为 45~60 度。灯光是孩子视力的重要影响因素之一，孩子近视多数是光源的问题，在哪种照明条件下看书、写作业最好？什么是健康照明？我们根据这样的问题研究了不同光照模式对学习不同状态的影响（图 5-4-1）。

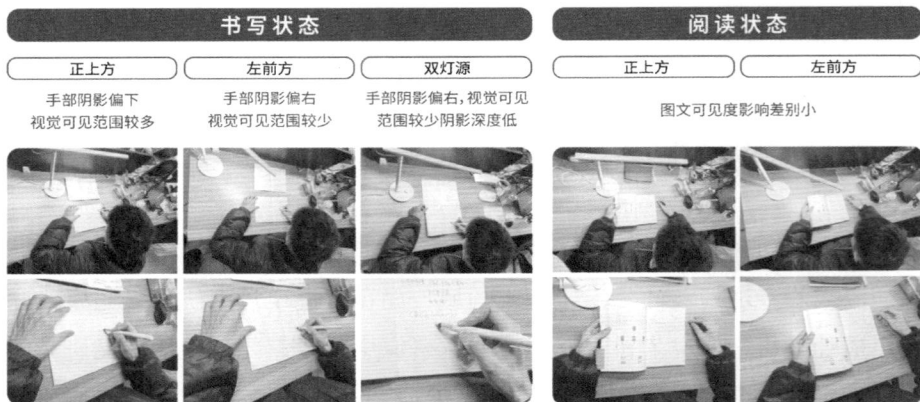

图 5-4-1　光环境研究

研究得出，不同学习模式需要对应的色温照度。不分昼夜，色温不长时间高于 4000 开尔文，放松状态（玩耍）为（3000±100）开尔文，久坐学习状态（看书、写字）为（4000±200）开尔文，高专注度状态（考试）为 4800 开尔文，电子产品（网课）为（4800~5200）开尔文。

在帅丰集成灶人机交互的专题研究中（图 5-4-2），我们从市场研究、用户研究、人机研究、成本研究四个维度进行定量和定性研究。在用户集成灶交互方式研究项目中，我们对现有灶具进行分类归纳，将传统厨房三件套和集成灶的交互方式进行分类与分析，将灶具总结归纳为彩屏触控、触控按钮、实体按钮以及科技附加控制四大类。我们在大量的市场现有产品调研和在线大规模调查问卷的基础上，结合专题研究中的人机实验场景搭建，进一步深入地研究了灶具的合理交互方式。

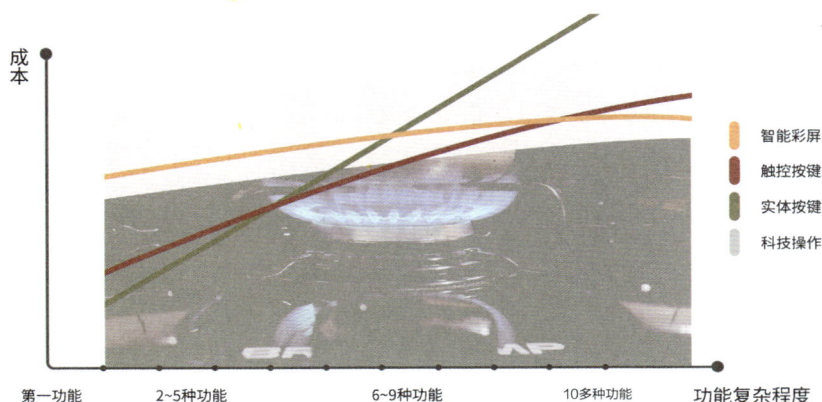

图 5-4-2　集成灶交互方式研究

5.5　问题需求转化

问题需求转化是将用户或市场问题转化为可实际开发的产品需求的过程，是产品开发生命周期中的关键步骤。问题需求转化也是产品开发的基础，可以确保团队理解并满足用户或市场的需求。正确的问题需求转化过程有助于确保项目按时、按预算并满足质量标准完成。

5.5.1　需求分析

在需求分析阶段的每一步工作中，必须深思熟虑并高质量地输出，确保最终交付物能够满足需求，实现功能的可靠性和易用性。我们将需求分析分为需求来源分析、需求梳理。该阶段主要是需要对杂乱的访谈资料做系统化的梳理。

（1）需求来源分析

需求来源分析的主要输出内容为需求来源表。一般采用电子表格的形式进行整理。内容包括需求来源、描述、真实诉求等内容。需求来源主要记录提出者是在什么条件下或者以什么身份提出这个需求的，描述主要用于记录用户需求的原始数据；而真实诉求则是对这些数据进行深入分析背后的真实需求。例如，当用户表达购买一瓶水的需求时，并非仅仅是因为口渴，也可能是为了兑换零钱以便搭乘公交车。

（2）需求梳理

需求梳理输出的内容主要有流程图、分析模型、用户图像、最后形成的功能清单等。经过分析的需求功能，需要通过商业文档的方式来说明该功能需求对产品的价值、公司能带来利益等；需要根据商业文档中的多方面内容进行评估后，对多个需求进行梳理和筛选。筛选留下的需求以及初步预想的解决方案还需要经过可行性评估后才能正式进入需求清单。

5.5.2　需求优先级排序及解决策略

如果输出一个需求的核心论点较多，且涉及多个功能，就会发现每个需求的核心论点都不一样，这时我们就需要对需求优先级进行排序。对于需求优先级排序，我们需要着重做两件事。第一件是归纳总结，对用户需求提及的频次，话语表述的强烈程度等指标进行评估，归纳出用户的关键需求。关键需求是指必须要被满足的需求，是核心需求；其他需求可围绕关键需求进行构建。如果其他需求和关键需求之间存在冲突，则必须保证关键需求的实施。第二件是抽象用户需求，在整理用户需求的过程中，对于很多较为零散的用户需求，我们需要对其进行重新抽象和归类。通过这样的方式去研究导致多样需求的原因是什么，该过程往往会伴随着一些回访。通过不断地抽象过程，我们可能会发现一些潜在需求，而这些潜在需求可能会成为产品的一大创新点。需要注意的是，关键需求通常不会同时又为潜在需求。

完成需求分类后，当各个需求都被排列、归类、分化成最细小的需求点时，我们就可以针对需求点进行产品功能的规划。

在儿童安全座椅的调研过程中，我们通过分析用户需求和市场需求，最终确定了产品的设计需求。我们将需求分为核心需求、用户需求和市场需求，并进一步将它们分为不同的需求类别（图 5-5-1）。

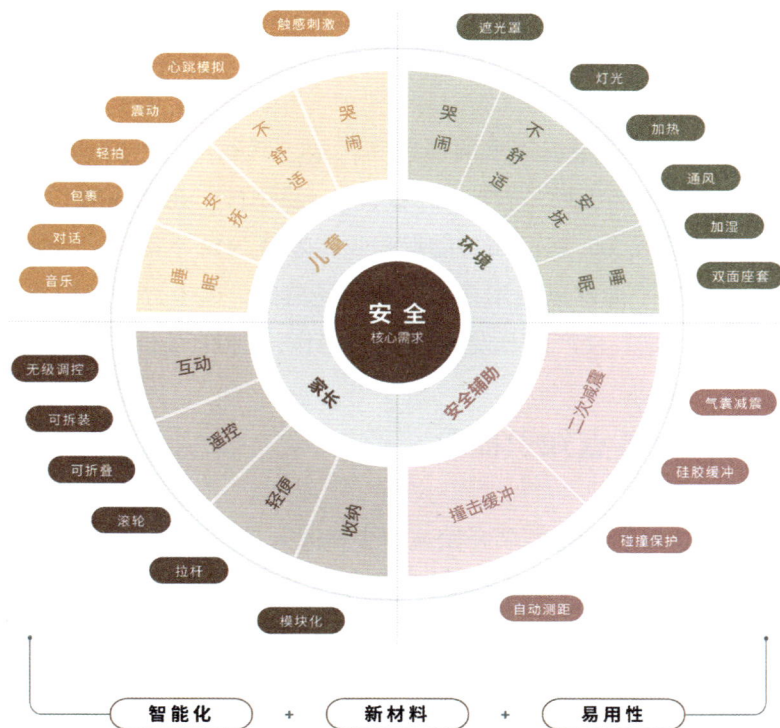

图 5-5-1　需求分析及策略

首先，核心需求是产品的安全性，这是儿童安全座椅的首要考虑因素。其他一切的功能都需要基于与安全相关的功能能够实现的基础上去构建。

用户需求则分为家长和儿童两个主要角色。儿童作为安全座椅最主要的使用者，其主要需求包括舒适的睡眠和睡前的安抚。家长由于使用安全座椅的流程更长，更多关注的则是互动性、遥控功能、轻便性和易于收纳等多场景下的不同需求。

在市场需求方面，我们首先考虑了与儿童安全性能相关的安全辅助需求，包括撞击缓冲和二次减震。我们也独创性地分析了使用环境的因素，如对温度、湿度、通风、光照以及内饰颜色的需求。

接下来，我们将这些需求进一步分层和分类，匹配关键词，以便找出产品机会点。通过前期的技术调研和对现有产品的研究，我们将需求点与可实现的功能点技术进行匹配，形成了产品的功能要求，这也是产品设计中的关键策略。在这个过程中，我们考虑了智能化、新材料和易用性等方面的产品特点。

最终，根据四个层级需求的梳理和匹配，明确了产品的整体关键词，儿童安全座椅的产品方向是智能化+新材料+易用性。在此基础上，我们可以继续进行头脑风暴，将产品功能点进一步发展为设计要点，确保产品在生产和使用过程中能够满足用户需求和市场需求。这个方法帮助我们明晰了产品的设计方向，使产品开发过程更加有针对性和有效性。

5.6　本章重点知识提取

- 用户调研及分析是产品开发流程中概念开发阶段不可或缺的一部分，由此产生的用户需求点是后期进行下一步产品概念设计的基础。
- 用户研究是进行产品创意的第一步，其主要的作用是研究用户的需求，帮助工业设计师选定产品设计的方向并根据用户的使用发现产品问题，帮助工业设计师优化产品体验。
- 用户研究的主要目标有两个，第一个是深入理解业务需求，第二个是在理解业务需求的基础上深入理解用户需求。
- 定性研究常用现场观察和深度访谈这两种方法。信息点可以通过亲和图法与卡片分类法来进行优先级的排序和整理，最终筛选出用户需求。
- 定量研究常用调查问卷法、用户满意度调查以及A/B测试。调查问卷法比较通用，其他的定量研究方法都有自己适用的使用场景，可以根据用户研究的需要进行选择。

- 在对某一个产品的主要功能或主要创新点进行研究时，我们可以选择专题问题研究的方式对重点问题进行独立的研究和调研。
- 用户画像的输出主要用于总结用户的特点和理解产品。
- 用户需求输出主要根据需求来源、需求梳理以及优先级的排序对用户需求进行分类、分层级的归纳，最终得出产品的需求定义。
- 针对获得的用户需求以及优先级排序，在用户调研阶段对用户所提到的问题与需求，给出基本的解决思路和解决方法用于后续的产品概念设计当中。

第6章　概念设计与概念测评

6.1　产品概念"雏形"

概念设计是基于某些理念或原则对产品功能具象化的一种期待，是开发团队（或设计者）对产品特征和意义的一种思维结论，是一个非常抽象的意识形态。概念设计大致分为原始概念设计、高水平概念设计和低水平概念设计。由于产品开发的复杂度极高，在实际产品开发过程中，这几个概念设计之间的界限有时比较模糊。

6.1.1　原始概念设计

原始概念设计是指当人们产生某些新产品需求时，脑海中会出现的某些图像，这些图像可能非常模糊甚至难以直接用语言表述。当开发团队第一次面对客户需求时，脑海中会出现跳跃性创新思维，将客户需求与潜在技术方案相互映射和链接是形成原始概念设计的一个方法。

6.1.2　高水平概念设计与低水平概念设计

高水平概念设计是开发团队对产品的第一次具象化设计，通常指设计过程中的战略，宏观或整体层面的决策和规划，所以高水平概念设计虽然不是具体的设计，但可能已经具备一定程度的可视化成果，并成为进一步细化设计的方向。

与之对应的是低水平概念设计。低水平概念设计是细化设计的过程，更关注设计的具体细节、规格和实施，很多产品细节逐步被显现出来（但没有达到完全细化和可实现的程度），产品设计可以被具体描述。低水平概念设计与产品架构设计非常类似。低水平概念设计涉及将高水平概念转化为实际可执行的设计元素。低水平概念设计关注具体的设计细节，以确保设计在实施时能够实现高水平概念设计所设定的目标。

在概念设计过程中，高水平概念设计和低水平概念设计通常是相互补充的，高水平概念提供指导和框架，低水平概念将其具体化。设计团队需要在这两个层次上协同工作，成功实现设计项目（图6-1-1）。

原始概念设计	高水平概念设计	低水平概念设计
功能和用途 原始概念设计可能包括确定这款儿童安全座椅的基本功能，例如防撞保护、坐姿固定等。	**目标和愿景** 设计团队将明确定义产品的最终目标和愿景，例如创建一款安全、舒适、时尚的儿童安全座椅，提供时尚的外观和全面的产品功能。	**外观和材料** 确定儿童安全座椅的实际外观、颜色和所使用的材料，例如网布、配合汽车内饰的颜色。
目标受众 设计团队会考虑产品的潜在用户例如父母和监护人、汽车制造商、医疗专业人员等。	**用户需求和洞察** 团队会进行市场研究，以深入了解目标受众的需求和喜好，例如安全、舒适性功能和外观设计。	**用户界面和交互** 团队设计实际的交互方式，包括图标、按键控制。
市场定位 原始概念设计会初步探讨产品在市场上的位置，是否要定位为高端豪华产品还是平价市场产品。	**品牌和身份** 高水平概念设计用以确定产品的品牌身份，包括标志、宣传语及其核心价值观。	**技术实施** 确定所需的硬件和软件技术，以确保产品能够实现高水平概念设计所设定的功能。
核心设计原则 团队需要确定核心的设计原则，如时尚性、便捷性、可定制性。	**概念开发** 设计团队提出可能的设计概念，如气囊缓震、网布透气和安抚等。	**生产准备** 低水平概念设计还包括生产准备，如确定生产工艺、供应链管理和成本估算。

图6-1-1　儿童安全座椅的概念设计

6.1.3　概念设计三阶段

（1）概念化

产品概念化是指产品开发团队在产品概念设计前确定产品的功能、市场、客户和价格等概念，并根据产品的商业目标选择不同产品概念的过程。

概念设计的目的是在产品开发的前期针对新产品或新技术设计出符合客户需求的功能和创意，或者探索解决问题的方案，并为后续产品开发与设计、生产、广告宣传和上市销售做好准备。而在进行概念设计之前，开发团队需要先确定符合商业特征的产品概念，即产品概念化。由于在市场行为中，客户是最主要的实体对象，因此产品概念必须与目标客户或细分市场相匹配（图6-1-2）。

在上述儿童安全座椅项目中，工业设计师除了要确定产品的功能需求和方案之外，还需要考虑产品的商业特征，包括确定目标用户、市场细分等信息，以便在后续的开发过程中更好地满足用户需求，同时还要确保产品能够适应市场的需求。工业设计师需要明确该产品的目标用户是谁，并对其进行深入的了解，如年龄段、身高体重等基本信息以及使用场景、生活习惯等相关因素。在此基础上，还可以进一步探究目标用户的喜好、偏好、心理需求等因素，并将其融入产品设计中，从而增加产品的吸引力和有效性。除了识别目标用户之外，工业设计师还需要进行市场细分。市场细分通常根据用户需求差异化进行，以便更好地满足不同用户群体的需求。通过市场细分，工业设计师可以更清晰地了解不同市场的需求和趋势，并相应地调整产品方案和设计策略。

总之，确定产品的商业特征是儿童安全座椅项目中不可或缺的一环。工业设计师需要了解目标用户和市场细分情况，并根据相应信息规划适用的设计策略。这些步骤可以帮助团队更好地掌握产品开发方向，从而确保最终产品能够满足用户需求并在市场上获得成功。

产品安装逻辑与顺序需清晰明确，容易被使用者理解		
安装状态的自检与提示	设计多档位的调节	给出体重/身高/状态适合的档位提示
各个操作件的使用不应用蛮力固定拆卸，考虑女性用户需要		所有可操作件的使用，需要与功能对应，符合使用语意
重点应用智能化	方便拆装的多部件设计	设计360°方便旋转的功能
对车辆的刮擦磨损需要考虑	操作连接件与车辆匹配不合理，需作出调整	
伴随成长	活动部件的模块化设计	人机考虑需遵循国内用户人机尺度
重点考虑儿童安抚的设计	在保证安全前提下的轻量化设计	设计更便捷、一步到位的约束系统
布套的正反使用	易于清理/耐脏的材料	考虑季节气候变化给乘用人员带来的影响
PI设计，与增值体验需要完善		

图 6-1-2 用户需求细分归类

（2）可视化

高水平概念设计不需要进行细节设计。对于实物类产品，开发团队需要制作一张抽象的产品外观或布局图。而对于非实物类产品，开发团队需要制作一份非常简单的数据逻辑框图，甚至只是手绘的数据流向图。产品可视化是统一团队认识的重要途径。这里提及的可视化其实是一个相对概念，是让团队"看到"产品未来状态的一种形式。

（3）商业化

产品商业化就是开发团队需要把富有创意的概念设计与真正的商品联系在一起（图6-1-3）。开发团队根据概念化过程中获得的诸多概念，结合产品的商业价值，将概念产品变成具有市场竞争力的商品。在商业化过程中，开发团队需要同时考虑两个需求：一是如何满足产品自身的功能和性能需求，二是为实现产品必须要克服的内部需求。这两个需求都将对产品的价值属性造成影响，前者可以为企业吸引更多的客户，后者则涉及产品交付的成本。在构建高水平概念设计时，开发团队应仔细审视创新工具的成果，按照产品概念来组合这些已经获得的需求解决方案，确保产品的每条开发需求都被满足，并最终将这些需求解决方案形成一个个独立的概念设计。

图6-1-3　概念设计商业化引导的产品输出

在儿童安全座椅项目中，产品的核心需求是"安全"。针对这一需求，工业设计师需要提供针对儿童、家长、环境及安全辅助等方面的解决策略，确保儿童在乘车过程中的安全。

对于儿童这一特定用户群体，工业设计师需要考虑儿童的身体结构和生理特征，并根据此开发出符合其需求的座椅产品。例如，可以在儿童安全座椅中添加颈部支撑、多点固定装置等特殊设计，确保座椅具备良好的稳定性和舒适度（图 6-1-4）。同时，也可以在座椅外观方面进行设计优化，如增加可爱卡通图案、使用柔和色彩等，在提供安全的前提下增加儿童的旅途快乐感受，创造更好的体验。这样做不仅可以减少孩子对家长的打扰，还能使儿童在使用座椅时感到放松和愉悦。

图 6-1-4　儿童安全座椅的气囊颈枕设计

　　针对座椅的主要使用者——家长，工业设计师需要考虑座椅的便携性、易用性、亲子交互性以及物品收纳性等。例如，座椅尽可能采用轻质材料制作、配备可调节的固定装置，这样既方便家长搬运和安装，也减少了使用过程中烦琐的操作（图 6-1-5）。同时，产品设计时还可以考虑添加一些辅助功能，如座椅支持的角度调整、舒适性材质等，以提高家长对产品的满意度和忠诚度。

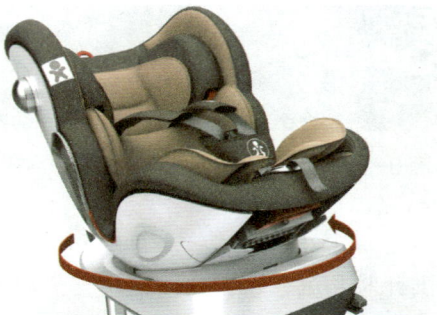

图 6-1-5　儿童安全座椅的底座旋转设计

将孩子单独留在车内是极为危险的。因此，儿童安全座椅配备了停车提醒系统，以警示父母不能将孩子独自留在车辆内（图6-1-6）。同时，安全辅助也是一个不可忽视的设计元素。例如，在座椅的侧面设置防碰撞材料以及在座椅配件中添加智能警报装置，可提高人们对儿童乘车安全问题的重视程度，确保在有任何不测和异常情况时都能及时得到响应。

图6-1-6　儿童安全座椅停车不离座提醒设计

总之，针对"安全"这一核心需求，儿童安全座椅项目需要提供多个角度的解决方案，解决儿童、家长、环境及安全辅助等多个方面的需求。只有综合考虑上述因素，才能够设计出真正实用、可靠、符合市场需求的儿童安全座椅产品。

6.2　设计思维"放与收"

6.2.1　概念设计流程

在概念设计的初始阶段，开发团队可获得的概念数量非常有限，零星的意见往往来自一些有经验的专家，或者通过市场信息反馈得到。随着各种创新工具的应用，概念的数量呈爆发式增长，这是一个类似指数增长的过程。开发团队在此阶段应尽可能鼓励各种创新活动，且不能过多考虑这些概念的可行性。通常，创新活动不会维持太长时间，因为这些活动会使各个团队感到疲劳，所以在一段时间过后，产品可获得的概念数量会趋于饱和。开发团队的负责人要及时察觉该现象，并在必要时刻暂停创新活动。在这一阶段的尾声，开发团队要对概念进行两个评估，一个是对整个创意阶段的过程进行评估，目的是查看在此过程中是否存在重大遗漏；另一个是对已经获得的概念进行评估。

6.2.2 概念设计方法

合理借助工具可以帮助我们通过一定的思考模式来获取新的想法或寻找解决问题的方法。比较常见的工具有头脑风暴法、脑力书写法、奔跑法则等（图 6-2-1）。

图 6-2-1　概念设计的发散与收敛

（1）头脑风暴法

头脑风暴法的知名度和流传度很高，是一种在群体决策中激发参与者产生大量创意的方法，可以有效避免出现屈从权威或从众心理等问题（图 6-2-2）。在进行头脑风暴时，参与者必须遵守特定的活动原则和流程。关键的假设前提是数量成就质量，大致步骤如下。

- 定义问题：所有人明确要讨论的主题，并统一认识。
- 发散思维：参与者针对问题各自进行思考并记录想法，如各自独立书写、分别绘图、各小组内部轮流口述等。过程中，参与者可以相互交流并听取他人意见，但记录想法时需要独立完成。
- 归类评估：参与者共同将所有发散思维的成果进行分类整理。可以采用多种归类方式，如简单聚类、思维导图等。
- 聚合思维：参与者共同选择，得出最有价值或大家最为满意的产品创意。

头脑风暴法必须严格遵守以下原则。

- 延迟判断：主持人不要在头脑风暴期间否定任何想法或意见，对别人提出的任何想法都应保证不评判、不阻拦、不质疑，确保每位参与者不会因感觉受到冒犯而使思维受限。
- 追求数量：围绕着目标问题，以极快的节奏抛出大量的想法，即数量成就质量。
- 鼓励疯狂的想法：鼓励大家随心所欲，可以提出任何想法，想法越大胆越好，内容越广泛越好。

头脑风暴法更适合解决那些相对简单的设计问题，对于一些复杂性高、专业性强的问题，较难获得有效结果。

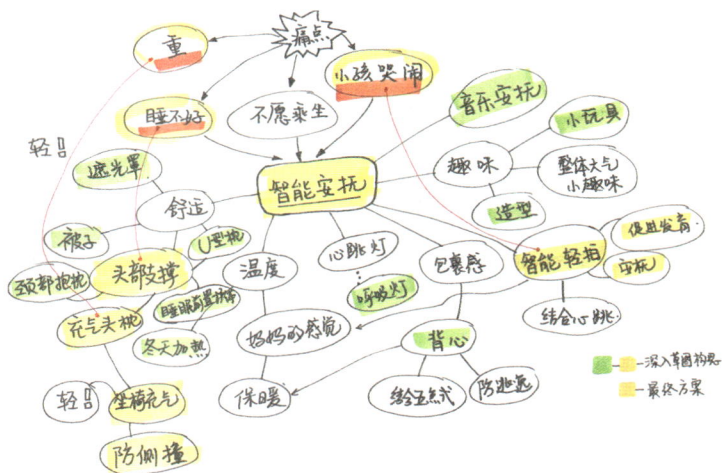

图 6-2-2　头脑风暴法

　　进行头脑风暴时，参与人员可能会产生无数的想法和创意，这些想法需要进行分类和记录。分类记录可以帮助团队更好地理清各种思维，并将其转化为可行的设计方案。例如，在儿童安全座椅项目中，工业设计师可能会面临不同场景下的各种需求，如运输与安装、调试与落座、行驶过程与发生碰撞等。为了使头脑风暴产生的想法能够落实到具体的场景中，工业设计师通常会将头脑风暴产生的标签根据不同的场景进行分类整理。将想法分类记录后，可以更加清晰地了解哪些想法对应哪些场景，这样有助于筛选出与场景对应的设计概念并进一步深化设计方向。

除了分类记录，头脑风暴后的思维整理还可以采用其他方式来提高效率（图6-2-3）。例如，可以利用思维导图或流程图等工具，对思维模式和设计方案进行可视化展示和规划；也可以采用投票或评分等方式，对团队成员提交的设计方案进行筛选和决策。

分类记录和思维整理是头脑风暴后必须要做的工作。这些工作可以帮助团队更好地理清头脑风暴时产生的想法，深入挖掘与场景对应的设计方案，有助于推进产品设计方向的延伸和深化。

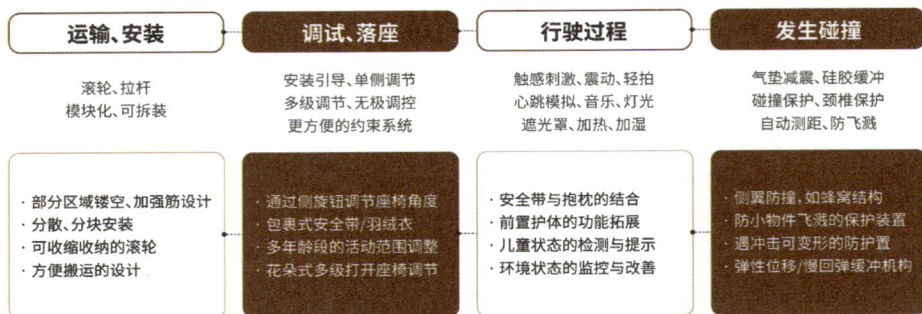

运输、安装	调试、落座	行驶过程	发生碰撞
滚轮、拉杆 模块化、可拆装	安装引导、单侧调节 多级调节、无极调控 更方便的约束系统	触感刺激、震动、轻拍 心跳模拟、音乐、灯光 遮光罩、加热、加湿	气垫减震、硅胶缓冲 碰撞保护、颈椎保护 自动测距、防飞溅
·部分区域镂空、加强筋设计 ·分散、分块安装 ·可收缩收纳的滚轮 ·方便搬运的设计	·通过侧旋钮调节座椅角度 ·包裹式安全带/羽绒衣 ·多年龄段的活动范围调整 ·花朵式多级打开座椅调节	·安全带与抱枕的结合 ·前置护体的功能拓展 ·儿童状态的检测与提示 ·环境状态的监控与改善	·侧翼防撞，如蜂窝结构 ·防小物件飞溅的保护装置 ·遇冲击可变形的防护置 ·弹性位移/慢回弹缓冲机构

图6-2-3　儿童安全座椅的头脑风暴归类整理

（2）脑力书写法

脑力书写法是一种在他人思想上产生新想法的创新方法，应用形式简单，且不受人数限制。

脑力书写法存在多种形式，通常以圆桌会议的形式进行。参与者围着圆桌坐下，先由指定的参与者描述并在纸上写下第一个想法，然后将纸条传递给下一个人。每个人看着纸上其他人写的想法再写下自己的想法，继续传递给下一个人。当所有人都完成后，纸条被传回第一个参与者，然后继续循环。如果有人无法提供新的想法，则可直接传递给下一个人，后续如果纸条再一次传到他这，该人依然有权决定是否提供新想法。纸条被持续传递，直至所有人都没有新想法为止。整个过程中，其他人都可以查看前人的成果。如果通过远程形式应用该工具，组织者只需提前设定好信息传递顺序即可，活动最后由组织者收集意见。

这个方法对内向的人或不善表达的人很合适，对本来站在中立地位的人有催化作用。开发团队可以匿名传递，这样不仅能令参与者更放松，也不容易让别人的想法影响到自己的思路。当书面文字表述产生困难时，参与者也可使用其他可视化的手段来展现，如图画、表格等。凡是可以激发更多创意的形式，都可以接受。

需要注意的是，这个方法对第一个写下想法的参与者有一定的要求，我们通常希望他是有经验的，且有自己的建设性想法，因为他写下的第一个想法将在很大程度上成为后续参与者想法的风向标。有时，为了避免第一个参与者的个人主观影响太大，组织者会轮换第一个写想法的参与者。

（3）奔跑法则

奔跑法则是一种快速的发散思维工具，经常在人们陷入窘境或缺乏全面思考的时候，帮助使用者从不同的维度去思考。这个方法常被用于寻找解决问题的突破点。另外，这个方法在产品开发和创意研究等方面也有不错的应用。奔跑法则也可以和其他一些方法（如头脑风暴法）结合使用。

- 替代：考虑是否可以用不同的元素、材料、方法或概念来替代现有的元素。这可以促使你思考替代性的解决方案，提高创新性。
- 组合：考虑将不同的元素、概念或方法结合在一起，以创造新的组合和可能性。这可以导致交叉领域的创新。
- 调整：考虑如何修改或调整现有的元素或解决方案，以适应新情况或需求。这样有助于灵活应对变化。
- 修改：考虑如何改变现有的元素或过程，以改进性能或实现不同的目标。这样有助于对细节进行微调。
- 重新运用：思考是否可以将现有的元素或概念应用于不同的环境、市场或用途。这样有助于发现新的价值。
- 消除：考虑是否可以去除不必要的元素、步骤或功能，以简化解决方案或产品。这样有助于提高效率。
- 逆向或重新排列：考虑是否可以颠倒思维方向或重新排列元素。这样有助于找到新的视角和创新机会。

奔跑法则即便在一个人的情况下也可以被快速应用，知名度很高、普及性很强。使用者可以通过以上七个方向的思考，找到一些突破现有思维框架的想法，而且七个方向之间可能存在不同的排列组合，可以找到新的突破点。

6.3 为概念套上功能的"枷锁"

6.3.1 功能设计：技术路线选择

（1）创意阶段

创意阶段是产品实质性开发的最初阶段，是产品开发需求的初步设想阶段。创意阶段需要完成一系列任务，包括实现产品的基本功能、发现产品的闪光点、挖掘产品功能的新颖性、思考产品的技术贡献度等。

- 实现产品的基本功能：这是创意阶段的最主要任务。开发团队使用创意工具寻找与产品开发需求相对应的实现方式。开发团队通常不太在意实现过程中的负面障碍，如成本因素、工艺难度、操作复杂性等。由于产品开发需求远不止一条，开发团队在寻找方案时会针对每条需求单独进行拓展，因此开发团队会获得一张需求与对应方案的参照表（图 6-3-1）。

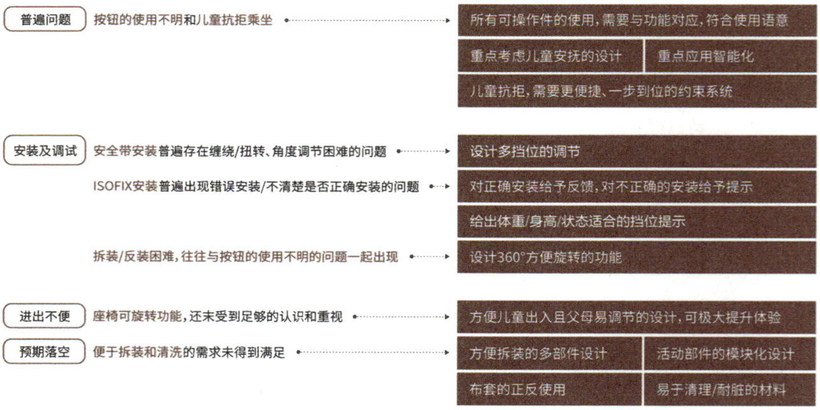

图 6-3-1 需求与对应方案的参照表

- 发现产品的闪光点：开发团队在实现产品基础功能的同时，也在寻找产品的独特价值。如果在开发某个产品的同时能实现其他领域的突破，企业就可以获得额外的收益。这些独特价值包括产品的低成本解决方案、毗邻市场的突破应用、跨领域客户的应用、超长使用寿命、简单易用等。产品的闪光点不仅能为打开客户市场提供便利，也可成为产品开发技术的突破口。

- 挖掘产品功能的新颖性：在实现产品既定功能的同时，产品开发团队会获得多种解决方案。其中，有些方案可能非常成熟且易用，有些方案则可能具有一定的前瞻性或风险性。多数团队更倾向于使用成熟方案。但前瞻性方案中可能存在一些具有独特价值和新颖性的方案，这些方案可能为企业带来新的知识产权收益。有些具有颠覆式创新价值的方案甚至可能建立技术壁垒，帮助企业在一定的范围内实现产品或技术的独占性。

（2）功能分析

功能分析是一种分析产品功能结构的方法，它可以帮助工业设计师识别产品的核心功能，并将其与相关的零部件联系起来。功能分析可以激发工业设计师的创意，能在新产品或设计概念中实现特定的功能。在功能分析过程中，工业设计师将产品或设计概念以功能和子功能的形式描述，忽略了产品的物质特性（如形状、尺寸和材料）。这样做的目的是将有限的基本功能抽象化，建立产品功能体系。

功能分析的原则：首先确定产品应该具备哪些主功能，然后推断出该产品所需的各部件（即工业设计师将要开发的内容）应承载哪些子功能。功能分析的主要步骤如下。

步骤 1：用黑盒子的形式描绘产品的主要功能。如果还不能确定产品的主要功能，可以先跳至下一步。

步骤 2：列出产品子功能清单。

步骤 3：面对复杂的产品，工业设计师可能需要理清产品功能结构图。整理结构时可以遵循以下三个原则：按时间顺序排列所有功能、联系各个功能所需的输入和输出（如物质、能源和信息流等）、将功能按不同等级进行归纳（如主功能、子功能、子功能的子功能等）。

步骤 4：整理并描绘功能结构，补充并添加一些容易被忽略的"辅助功能"，推测该功能结构的各种变化，最终选定最佳的功能结构。功能结构的变化样式可以依据产品系统界限的改变、子功能顺序的变换、拆分或合并其中的某些功能等推测。

在儿童安全座椅的项目中，工业设计师在确定产品的主要功能后，需要进一步推理出各个子功能，并根据其重要性和实现难度等因素进行归纳。通过这样的方法，工业设计师可以建立一套完整的儿童安全座椅功能体系。

为确保儿童安全座椅产品具备必要的安全性和可靠性，工业设计师必须对座椅功能进行深入的分析和细致的规划（图 6-3-2）。首先，工业设计师需要对儿童安全座椅在各种使用场景下的功能需求进行明确和分类，包括座位的舒适性、稳定性、保护性以及易用性等方面。然后，将这些功能进一步拆分成不同的子功能，如头部支撑、侧向防护、固定装置等。在识别和拆分出各个子功能后，工业设计师需要对它们进行合理的分类归纳。根据子功能的重要程度和难度等级进行划分，可帮助工业设计师更好地把控产品开发的进度和难度，同时也有助于减少灰色地带和交叉的工作，让团队成员能够更专注于其自己的工作内容，并始终保持任务之间的层次分明。

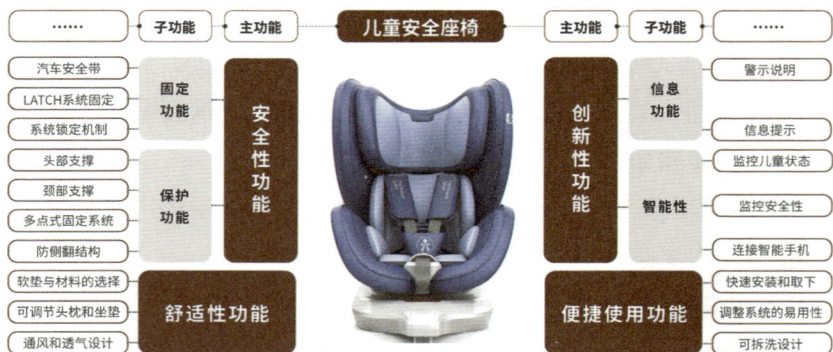

图 6-3-2　儿童安全座椅的功能分析

通过推理子功能并进行归纳，工业设计师可以建立一套清晰、具有一定逻辑结构的儿童安全座椅功能体系。这样的体系不仅有助于实现产品设计的目标，还能为团队协作提供有效的指引和辅助，促进项目顺利开展。

（3）产品功能列表与关键特性

产品功能即产品为实现客户需求所表现出的特征，该特征也是产品价值实现与传递的基本对象，产品功能可以从产品的原始概念设计中获得，也可以从需求管理的初步收集、分析和整理中获得。

- 产品功能列表：产品功能列表是一张罗列产品最终需要实现的所有功能的列表，是开发团队通过层层分析后获得的列表（图 6-3-3）。它可以帮助开发团队考虑适用的技术路线和开发策略。

1	产品安装逻辑与顺序需清晰明确,容易被使用者理解	
2	"感觉安全" 的产品同时可能 "不舒适"	安全性可以通过话术和数据,说服消费者
3	女性是购买行为的主要实行者	
4	设计方向考虑宽敞、舒适	在保证舒适的前提下,提供熟睡状态的支撑设计
5	环境监测功能,需要对消费者进行引导	考虑添加座椅通风功能
6	添加轻拍功能	监控和互动功能的实现需要再设计
7	以最为权威严苛的ADAC评定来看,ISOFIX 是绝对的加分项,其余依次为安全、人机、易用性、环保和容易清理	
8	国内市场的婴幼儿人机尺寸与他国存在偏差,主要表现为超重以及皮下脂肪堆积等方面,应对此进行调整	
9	可以将核心技术外显为可视化的品牌PI	产品配色可以由儿童大脑开发、调节心理情绪入手设计
10	可以以周边的早期小产品引流带动座椅销售	座椅内的儿童安抚功能是痛点,相当必要
11	市场上各个品牌间的产品结构雷同的情况下各个产品将设计重点放在附加功能和连接结构等细节上	
12	现有0+1+2产品的质量偏重严重影响父母的使用体验,后续可作为突破点	
13	软包包含了产品可视面积的75%,在很大程度上影响视觉体验,面料以及裁剪工艺的设计可以进一步提升产品气质	
14	吸能材料可以通过造型以及连接方式实现	智能化可以作为附件内核引入产品中去

图 6-3-3 儿童安全座椅的功能列表

- 关键特性：开发团队可在产品功能列表中识别出对产品至关重要的核心功能，这些核心功能所对应的特征或参数就是产品的关键特性。关键特性是企业实现产品的重要参数。一般来说，关键特性对应产品的核心功能，在产品的设计、开发和实现过程中，开发团队要确保关键特性被优先满足。

（4）技术方案

企业收集、整理与分析客户需求和市场需求后，可以获得有效的产品开发需求，但这些需求不一定都能转化为实际产品。除公司发展战略的影响外，产品开发技术是最主要的开发设计制约因素之一。

在没有进行具体设计规划的情况下，开发团队依然要考虑在现有的技术条件下，是否存在满足这些需求的客观条件和资源。开发团队应该仔细评估技术方案的可行性，确定是否有足够的资源和知识来满足客户需求。如果现有的技术条件无法实现所需的功能，则团队可能需要寻找新的技术解决方案或者重新审视产品需求，尝试在技术上进行一些调整。如果企业没有进行具体设计规划，那么应该在开发之前对技术方案进行充分的评估和选择，确保最终开发的产品可以达到客户和市场的需求，且可以实际落地。如果某些需求需要采用昂贵的技术方案来实现，那么相应的开发成本也会增加，这可能导致企业在资金、资源等方面承受不必要的压力。

此外，技术方案的评估还应该考虑团队的技能水平和可扩展性。如果团队没有相应的技术能力，或者所选技术方案难以扩展以满足未来的需求，那么最终的解决方案可能无法满足客户需求。因此，在制定产品开发计划时，企业需要考虑到市场和客户需求，并充分评估技术方案的可行性、成本和其他因素，确保开发出符合客户期望的高质量产品。

6.3.2　功能设计：成本估算

产品开发中的成本估算是指在产品开发的过程中，对所需要的资源、时间、人力等进行估算，以确定开发该产品的成本。如果成本估算不合理，则可能导致产品开发过程中出现时间和经济上的浪费，甚至会影响产品的质量和上市时间。

成本估算通常需要考虑人力成本、材料成本、市场研究成本、运营成本等。成本估算可以通过历史数据、市场调研、专家经验等方法进行，也可以使用各种成本估算模型进行模拟计算。需要注意的是，成本估算是一个动态的过程，需要随时进行更新和调整，以保持其准确性。

除了人力成本、材料成本、市场研究成本和运营成本外，还需要考虑设备成本、生产成本、测试成本、维护成本等因素。其中，设备成本指的是所需的生产设备或测试设备的购买和维护费用，生产成本包括原材料采购、生产线布置和人员成本等，测试成本则涵盖了整个测试阶段的人员、设备和资源等成本，维护成本则是在产品上市后进行维护和修复所需的费用。在进行成本估算时，还需要注意一些细节问题。例如，不同项目的成本结构会存在差异，需要进行个别分析；成本估算需要根据实际情况灵活应变，尽可能预测并处理风险因素，使成本预算更加合理精确。最后，成本估算需要与实际项目紧密结合，持续跟进和调整，确保成本预算的准确性和可靠性。

6.4　概念也需要被评价

6.4.1　概念评价的目的

概念评价的主要目的是在产品研发前期，通过采集用户反馈来评估新产品或服务概念的可行性和市场接受度。具体来说，概念测评包含以下几个目的。

- 评估市场需求：通过收集潜在用户的反馈和认知，了解用户对该产品/服务的需求、喜好以及实际使用场景等方面的信息，为产品定义提供参考。
- 了解用户喜好：根据潜在用户对不同产品概念的偏好进行分析，第一时间发现当前市场中存在的问题，优化产品设计方案，为产品争取较大市场空间。
- 收集关键意见：通过持续不断地收集潜在用户的反馈意见，发现问题可能存在于哪些环节，然后有针对性地改善迭代，确保产品开发过程满足消费者需求。

- 评估产品原型：基于使用指标评估已开发的产品原型，优化功能等指数并最终确定初始理念。
- 提高市场竞争力：通过对市场上其他同类产品的分析以及对问题点的探讨，积极寻找新颖独特的解决方案，提高该产品在市场上的竞争力。

研发团队可以通过有效的概念测评，收集并分析潜在用户的反馈，及时优化产品设计方案，并最终生产出相应满足市场需求的高质量产品。

6.4.2 概念评价的内容

概念评价是一种评估新产品或新服务概念可行性的方法。它通过将最初的产品概念向预期目标用户获取反馈来了解用户对该概念、功能和市场定位，并通过反馈进行不断改进（图6-4-1）。通常，概念评价应包括以下内容。

- 提出概念：预定目标、提出概念并明确问题，具体来说就是制定一个潜在的理想物品或服务及其实现过程。
- 挑选测评人员：针对目标人群特征挑选回答问题的调查对象，确保他们接近产品目标核心人群。
- 设计测评方式：以现有产品或相似产品经验为基础，设计问卷、用户体验测试、虚拟演示会议等多样化的测评方式，最大限度收集真实利用体验的意见。
- 进行测评：运用已设置好的调研方案方法，把自己的观点分享给测评者并收集反馈，分析结果以找出倾向趋势和核心问题进行改善。
- 结合修正：对基于测试结果推断出的自己初始的概念进行必要修正或改变，并在前所未有的测评体验中重复以上过程，逐渐优化产品概念及适应市场需求。
- 综合评估：收集和分析所有相关数据。将客户反馈与消费者洞察力和竞争情报运用到一个强大且具有同步感的总体评估中。

通过概念评价，可以挖掘用户心理、明确用户需求，避免在开发初期盲目地设计，从而为后续产品成功研发奠定基础。

图 6-4-1　初期概念评价示意

6.4.3　概念评价的方法

概念评价是评估新产品、服务或想法可行性的过程。通过概念评价，团队可以确定哪些概念值得继续开发，哪些概念需要进一步修改或被淘汰。以下是一些常用的概念评价方法。

- 概念说明书评审：将概念说明书分发给团队成员和利益相关方，然后组织一个会议或评审，讨论概念的关键元素，包括概念的目标、目标市场、关键特征和功能等。

- 焦点小组讨论：邀请一个小组潜在用户或目标市场代表进行小组讨论。这样可以提供直接的用户反馈，帮助评估概念在目标市场的受欢迎程度。

- 调查和问卷调查：使用调查或问卷调查来收集更广泛的意见。定量的数据分析可以获得对概念的普遍看法，并识别任何潜在的趋势或模式。

- 原型测试：如果可行，创建一个概念的原型或模型，并进行测试。原型测试可以帮助用户更好地理解概念，同时也可以收集关于概念的体验反馈。
- 技术评估：技术评估可以确保概念在技术上是可行的，包括评估所需技术的可用性、成本和实施难度等方面。
- 商业模型分析：评估概念的商业模型，包括收入来源、成本结构、客户获取策略等。这有助于确定概念是否在商业上可行。
- SWOT（优势、劣势、机会和威胁）分析：进行SWOT分析可以了解概念的内外部环境，有助于识别概念的潜在风险和机会。
- 成本效益分析：对概念的预期成本和收益进行详细的分析有助于评估概念是否具有经济可行性。

在进行概念测评时，通常需要组合使用多种方法，以获取更全面和准确的信息。这些方法应根据特定项目的需求和可行性来选择。

在儿童安全座椅项目中，邀请用户及专家对不同方案的造型、配色、性能及价格等进行测评是非常必要和重要的（图 6-4-2）。

基本评分表

基本评分表

（1分为最不满意，5分为最满意）

	评价内容	1#-斑马纹	2#-辣椒红	3#	4#	5#	6#	7#
1	我对这款安全座椅的造型满意度是	○1 ○2 ○3 ○4 ○5	○1 ○2 ○3 ○4 ○5	○1 ○2 ○3 ○4 ○5	○1 ○2 ○3 ○4 ○5	○1 ○2 ○3 ○4 ○5	○1 ○2 ○3 ○4 ○5	○1 ○2 ○3 ○4 ○5
2	我对这款安全座椅的配色满意度是	○1 ○2 ○3 ○4 ○5	○1 ○2 ○3 ○4 ○5	○1 ○2 ○3 ○4 ○5	○1 ○2 ○3 ○4 ○5	○1 ○2 ○3 ○4 ○5	○1 ○2 ○3 ○4 ○5	○1 ○2 ○3 ○4 ○5
3	我对这款安全座椅能够接受的价格	◎低于1000元	◎低于1000元	◎低于1000元	◎低于1000元	◎低于1000元	◎低于1000元	◎低于1000元
		◎1000-1500元	◎1000-1500元	◎1000-1500元	◎1000-1500元	◎1000-1500元	◎1000-1500元	◎1000-1500元
		◎1500-2000元	◎1500-2000元	◎1500-2000元	◎1500-2000元	◎1500-2000元	◎1500-2000元	◎1500-2000元
		◎2000-2500元	◎2000-2500元	◎2000-2500元	◎2000-2500元	◎2000-2500元	◎2000-2500元	◎2000-2500元
		◎高于2500元	◎高于2500元	◎高于2500元	◎高于2500元	◎高于2500元	◎高于2500元	◎高于2500元

分项评分

4. 所有产品中，我最喜欢的产品是（请选择前三名，按顺序标注）
◎1 ◎2 ◎3 ◎4 ◎5 ◎6 ◎7

5. 所有产品中，我感觉最安全的产品是（请选择前三名，按顺序标注）
◎1 ◎2 ◎3 ◎4 ◎5 ◎6 ◎7

6. 所有产品中，我最喜欢的造型是（请选择前三名，按顺序标注）
◎1 ◎2 ◎3 ◎4 ◎5 ◎6 ◎7

7. (1)所有儿童安抚与舒透调节功能中，最看重的是（至多送择两项）：
A. 轻拍安抚
B. 呼吸灯安抚助眠
C. 监控摄像头及扬声器

(2)所有环境检测与调节功能中，最看重的是（至多送择两项）：
A. 环境指数显示
B. 加湿器＋空气净化

(3)所有方便调节与使用功能中，最看重的是（至多送择两项）：
A. 轻量化
B. 可折叠

图 6-4-2　儿童安全座椅的测评分析表

邀请用户参与测评可以直接了解他们对产品的造型、配色、性能和价格等方面的偏好和需求。借助这些反馈意见，设计团队可以及时改进和优化产品，使其更加符合市场需求。邀请专家评估儿童安全座椅的性能和安全性能够更好地确保产品的合规性和质量，避免出现一些潜在问题和安全隐患。正式的测评可以让生产厂商更好地了解产品的生产成本和难度，并为制定最终的售价提供参考。

总之，邀请用户及专家参与项目测评能够帮助设计团队全面地了解市场需求和用户需求，确保产品具备良好的质量和安全性能，从而更好地推广和营销该产品。

6.5　为概念指出"落地"的方向

6.5.1　产品定义的目的

产品定义的主要目的是清晰地确定和描述将要开发、制造或提供产品的特征、功能、规格与目标，确保项目或产品能成功开发、交付和营销。

- 明确产品的目标和愿景。产品定义有助于明确定义产品的总体目标和愿景，这将确保整个团队对产品的目标有一个清晰的理解。
- 界定产品范围。产品定义将产品的功能、特性和规格明确界定，确保开发团队了解要构建什么。
- 为决策提供基础。产品定义为项目决策提供了重要信息，如市场需求、竞争分析、技术可行性和成本估算，有助于团队做出明智的决策，确定产品是否值得开发。
- 沟通和协作。产品定义文件通常是团队之间沟通的工具，可帮助不同职能部门协调工作，有助于与利益相关方（如投资者、客户或合作伙伴）进行有效的沟通。
- 制定时间表和资源规划。产品定义有助于确定项目的时间表和所需资源，确保项目在预算和时间内成功完成。
- 为市场营销提供支持。产品定义提供了有关目标市场、目标受众、竞争环境和市场定位的信息，这样有助于制定市场营销策略。

- 风险管理。通过明确定义产品的技术可行性、市场需求和竞争风险，帮助团队识别和管理潜在的风险。

- 支持产品开发和测试。产品定义提供了产品规格用于指导开发和测试。它为工程师和测试人员提供了指导，确保了产品按照预期的方式构建和测试。

总之，产品定义是项目或产品开发过程中的基础，它为团队提供了一个共同的理解和目标，有助于确保产品成功满足市场需求、按时交付，且在预算内运行。

6.5.2　产品定义的内容

产品定义是指对一个产品进行细致的描述，包括产品的特点、功能、性能、使用场景、目标用户等。产品定义通常由设计团队确定，在产品研发过程中扮演着重要的角色。

产品定义可以帮助设计团队更深入地了解产品定位和市场需求，促进团队成员在产品设计方面的统一理解和沟通。明确产品定义可以避免在后期开发过程中出现不必要的设计迭代，减少开发时间和成本、提高研发效率。

产品定义的内容应该根据具体产品而异，但通常包括以下几个方面。

- 市场定位：在产品在市场中的定位、与竞争产品的区别等方面进行说明。

- 产品名称和描述：明确产品的名称，并简述该产品的主要特点和用途。

- 目标用户群体：详细描述该产品的目标用户，包括用户年龄、职业、需求等方面；针对主要用户群体的需求特征、行为习惯、喜好等进行详细分析，以满足这些用户的需求。

- 产品特性：在规格、尺寸、材料、颜色、外形等方面进行明确。

- 产品功能性要求：详细说明产品各项功能和使用方式，确定产品需要具备的功能，并根据生产成本确定优先级以及实现这些功能所需要的技术方案。

- 技术方案：包括硬件、软件、材料、外部接口等技术方面的方案，选择合适的供应商或厂家，制定科学、合理的开发计划。
- 性能参数：产品的性能参数有功耗、响应速度、容量等，需要统一标准测试后进行认证，以保证产品质量。
- 外形描述：包括产品尺寸、形状、颜色等外观方面的要求，应考虑到人体工程学、美学及产品功能字符等方面。
- 生产周期要求：确定产品从原型设计到出货的生产周期，制定柔性方案以应对项目变化和迟滞延误等因素。
- 可持续性和环保要求：考虑产品的使用寿命及其与环境协调性，采取优秀节能材料和生产工艺，确保其对环境不会带来负面影响。
- 售后服务：产品在售后服务、维护、保修等方面的承诺。

　　总之，产品定义为设计团队奠定了坚实的基础，指引了整个产品研发的方向和目标。通过明确产品定义，产品设计团队可以创建清晰的标准，并在整个产品研发过程中进行有效管理（图6-5-1）。

产品名称

儿童安全座椅

产品描述

儿童安全座椅是一种汽车座椅，专门设计用于保障儿童在汽车行驶中的安全并提供舒适乘坐体验。它旨在减轻碰撞、提供头部和身体支撑，并符合相关的安全法规和标准。

目标市场

儿童安全座椅主要市场是家庭用户，特别是父母和监护人。
我们还将合作伙伴关系建立在汽车制造商、托儿所和幼儿园等机构，以提供更广泛的市场渠道。

目标用户

父母和监护人：为关注儿童安全的父母和监护人设计。
汽车制造商：与汽车制造商合作，以确保座椅与不同车型兼容。

主要功能

碰撞保护：提供材料和设计以吸收和减小撞击对儿童的影响。
固定系统：提供可靠的固定和安装系统，防止座椅意外情况下移动。
人体工程学设计：提供符合人体工程学的座椅设计，保证舒适性和支撑性。
可调性：具有多种可调节功能以适应不同年龄和体型的儿童。
易于安装和使用：提供方便的安装和操作流程，确保父母能够轻松使用和管理。

技术规格

材料：使用高质量、安全、防过敏、易清洁的材料。
尺寸：符合标准的尺寸要求，以适应各种汽车座椅。
重量：提供合适的座椅重量，以便安装和携带。

竞争优势

高安全标准：符合最高安全标准，提供出色的安全保障。
人性化设计：结合人性化设计，提供方便使用和舒适的座椅体验。
多功能性：提供多样化的功能和可调整选项，以适应不同需求。

图6-5-1　儿童安全座椅的产品定义举例

6.5.3　产品定义的方法

产品定义的目的是明确产品的角色和定位。以下是一些常用的产品定义方法。

- 需求分析。在开始设计之前，需要清楚地了解潜在顾客的需求，调查他们对产品的需求程度和关注点，可以通过文献资料收集、社交媒体以及焦点小组讨论等方式收集。

- 市场分析。对市场需求和竞争情况进行全面而又深入的分析和评估，包括市场规模、市场份额、市场增长率、竞争对手等。

- 用户研究。了解目标用户是如何使用产品的，包括产品的设计、功能、界面、用户体验等。

- 设计思维。基于"以人为中心"的思想，探索用户的感受和行为喜好，并将此作为决策的基础来成就高质量的产品。

- 反向设计。正向设计是从产品理念、消息告诉传播出的解答；反向设计是从市场反应、用户满意度入手来梳理设计思路，增强产品可靠性和用户满意度。

- 需求与实现匹配。在整个产品生命周期中，将市场需求、技术方案和产品规格进行匹配，将开发环节优化和产品基线协作紧密结合。

以上是常用的产品定义方法。不同的方法可以在适当的时候互补，以便更准确地定义产品并推动产品向前发展，形成一个有效的产品定义流程。

6.6　本章重点知识提取

- 产品的概念设计是产品设计的初始节点。概念设计是开发团队对产品特征或意义的一种思维结论，也是开发团队对产品理念和功能具象化的一种期望。

- 产品的概念设计需要完成产品概念化、产品可视化、产品商业化三个阶段，并且各个阶段有相应的阶段性要求。

- 概念设计的常用方法有头脑风暴法、脑力书写法、奔跑法则。

- 在进行产品概念设计的同时，伴随进行的往往还有产品的功能设计。产品的功能设计是产品概念中提出的为满足产品使用需求的各个功能而进行的设计。功能设计与产品概念之间往往相互影响和限制，最终会形成一个有实际落地意义的产品。

- 在完成产品的多方向概念设计后，往往需要对产品概念进行测评。概念测评的主要目的是根据多行业背景人员的共同测评选出有实际优化可能，有市场价值的产品方案进入后期的细化设计阶段。

- 在产品概念设计的最终阶段，我们需要对产品进行定义。产品定义会对后续需要细化的产品进行更为细致的与产品自身属性相关的说明，并将这些具体化的说明属性转移到产品规格书中呈现。

第四篇

产品开发设计落地期
——制衡与取舍

第7章 产品规格

7.1 何谓产品规格

在整个产品开发的流程中，一般会出现两种形式的产品规格：一种是产品的目标规格，另一种是经过产品测试后的产品最终规格。它们分别出现在需求确定之后和产品概念测试之后。

对规格进行鉴定时，我们首先需要明白何为产品规格。顾客需求通常是以"顾客语言"的形式表述的，但它们只是留下了对产品进行主观解释的空间，并不能明确如何设计和管理这个产品。因此开发团队通常要建立一系列简洁、明了的规格，包括产品功能的详细信息等。虽然产品规格不能为开发团队提供满足顾客需求的方法，但确实代表了开发团队应该努力达成的共识（图7-1-1）。产品规格对应着产品的多个属性，如在产品的外观视觉属性中，我们需要产品可以给出一种温暖、阳光、亲切的感觉。当将产品转化为产品规格时，应将这种主观感受转变为客观的具体数值，如具体的色彩、色号、表面处理工艺、质量等。

本书用产品规格明确产品功能，而有些公司则使用产品需求或工程特性等术语明确。为清楚起见，我们需要明确定义以下名词：规格由度量指标和数值构成，如"平均安装时间"是度量指标，而"小于75秒"是数值。需要注意的是，数值能以多种形式呈现，包括具体数字、范围或不等式，并且通常会附带单位（如秒、千米、焦耳等）。产品规格是多个规格的组合，因此，产品规格的起点通常是用户的需求。

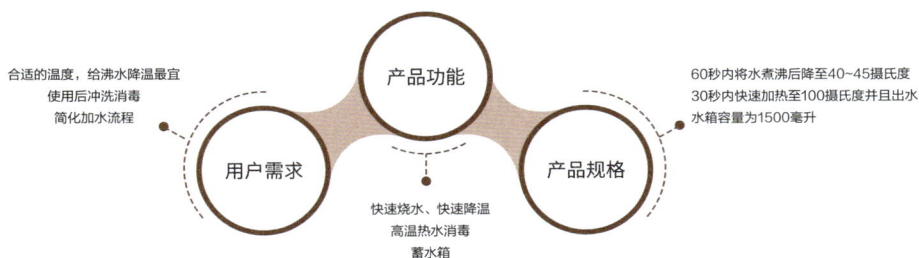

图 7-1-1　用户需求与产品规格的转化

在产品战略阶段，我们需要通过一系列桌面调研。面对目标用户的具体需求，我们可以建立初步的预设，并在用户调研阶段对预设进行核实，增加一些具体的用户需求。将这些需求向产品的具体功能和数值进行转化的过程就是产品目标规格建立的流程。这些规格代表团队的期望，但是此时开发团队并不能确定限制产品的技术是什么，也不知道他们想要的目标产品是什么。

在开发过程中，团队可能无法完全满足某些规格要求，同时也可能超过其他规格要求，这取决于开发团队最终选择的产品概念。

在概念设计阶段，将用户需求向产品功能进行转化以后，我们对产品进行了初步的概念设计以及筛选。后续需要对形成产品定义后的产品规格进行更加细化的梳理。产品定义已经相对详细地对产品自身的需求进行了梳理，但是对于功能和用户需求之间的契合和匹配程度，则需要用新的指标进行度量和测试，而这个指标就是产品的最终规格。为了制定产品最终规格，开发团队必须一边估计实际技术约束和期望的产品成本，一边修正规格，并在产品的各个不同期望特征之间进行权衡。虽然很多产品的规格在整个开发过程中要修改很多次，但是以结果而言，起决定性作用的只有确定后的最终规格。

本章主要讲述上面两种规格的建立方法。

7.2　目标规格——对标和超越

在经过用户调研、确认顾客具体需求之后，通常会进行目标规格的制定。目标规格使设计团队可以在产品概念设计阶段对产品的概念设计有相对具体的设计目标参照。目标规格是在进行设计之前对该新产品最后需要达到的目标进行的预期，因此并不是一个绝对科学和硬性的指标。这类在初期建立的规格，会随着开发的推进，根据实际情况对规格数据进行更新。目标规格在建立时往往需要对现有市场产品的相关规格进行参照，而后在其基础上进行调整确定。建立目标规格一般包含下面三个步骤。

- 根据用户需求准备初步的指标度量清单。
- 收集对标的竞争性产品信息。
- 根据竞争性产品的相关规格设置理想的规格数值范围。

我们需要根据用户需求准备初步的指标度量清单。清单内容一般来自产品开发前期两个主要环节的结尾阶段和产出阶段。其中一个是在产品战略当中产出的产品设计定位。中间会根据目标用户的用户画像，对产品的风格、材质、工艺、造型等进行初步的定位，并且对产品的价格、销售方式也会有初步的规定。因此，在设计定位的范围当中，我们需要将目标用户的喜好需求向一些具体的产品生产工艺、材质等基础属性进行初步的规划和转化。

在用户调研阶段，我们通过与客户进行深度访谈或是通过问卷等定性的调研，得到一些用户对于产品的具体需求，如安全性、透气性、舒适性等，然后将这些产品需求与用户目标、用户的生理特征进行结合。对于产品相关尺寸的需求，我们会结合人体的生理尺寸进行初步规划。在对以上相关尺寸进行规划的同时，我们还需要结合概念设计中提到的成本控制的概念，对产品的成本进行初步估计，并将此作为我们需要达到的成本控制目标。最有用的度量指标应该能够直接反映产品满足顾客需求的程度，顾客需求和度量指标之间的联系是整个规格的中心。我们假设顾客需求和一组精确可测量的规格之间是可以实现转换的，那么满足规格就满足了相应的顾客需求。

收集对标的竞争性产品信息。产品开发团队想要进行新产品开发，并且想在行业当中占有垄断地位时，可以减少规格制定时对竞争性产品的依赖。针对竞争性产品进行目标规格的设定，也突出了新产品开发的竞争属性。新产品需要在原有产品基础上进行一定的产品突破和实用性改善才可以取得好的市场成效。例如，在白色网椅的规格确定中，我们对标的产品是亚马逊平台上一把主要针对出口的办公椅（图7-2-1）。在对用户需求进行分析后，我们在原有办公椅的设计基础之上，增加了腰托的功能。并且通过对产品舒适度需求的预估，我们对扶手、腰托、座椅坐面、坐垫材质以及产品底盘进行了初步确定和规划，针对主要使用人群的生理特征，对白色网椅各个部分的尺寸进行了确定。同时，在目标规格中的产品定价部分，我们需要在新功能添加的基础上表现出一定的优势，不能因为有新功能的加入就随意地增加产品价格，用户对于产品价格的敏感程度是很高的。因此，在整个产品的材料选择和尺寸规划上，我们需要控制产品成本。产品主要是出口销售，面向国外市场，中转运输费用是产品成本当中的重要部分，因此我们对出口运输使用的装箱数量也进行了初步规划。在这个案例中，我们通过对相关成本进行核算，得出了该网椅的装柜量需要达到1050把/箱才可以达到节省运输成本的目的。将节约经费用于产品本身，可以达到更好的商业效果。而对装柜量的预估和对运输需求的控制也对后续产品的拆装结构以及外包装的设计提出了一定的限制与要求。

应根据竞争性产品的相关规格设置理想的规格数值范围。数值代表的是一种度量指标。度量指标应该是有实际意义的，在理论上，度量指标应该是产品可直接观测或可分析的特性，开发团队可以轻易地对这种产品进行估价。而有些顾客需求不能轻易转化为可计量的度量指标。一些相对抽象的感受型需求只能以主观测评的方法进行度量。在这种情况下，开发团队只需重复给出顾客对这种需求的陈述作为规格即可，并且要注意这种度量指标是主观的，只能由这组顾客自己衡量。同时，产品规格的数值不一定是精确的数字，更多的是一个数值范围。例如，规格中标的产品成本为

85元，我们并不清楚85元是最低成本还是极限成本，这取决于后续设计实践中对结构、材料等因素的选择，因此设置目标时往往会给出相对较小的一个有限制意义的规格范围。

	材料
扶手	pp+20%玻纤
腰托	pp+20%玻纤
背/面	pp+20%玻纤
坐垫	海绵+木板
底盘	金属
五星脚	pp+20%玻纤

	尺寸（毫米）
扶手高	275
扶手长	322
腰高	205
背高	513
背宽	440
坐深	475

出厂价(元)	装柜量(把/箱)
195	1050

图 7-2-1　白色网椅的规定确定

7.3　最终规格——产品的"身份证"

产品的目标规格是开发团队在产品开发前期对新产品各类指标的预期以及目标，当中会存在一些定义不清晰，甚至矛盾的规格指标。在后续的产品开发过程中，开发团队会根据实际情况以及开发进程，将规格的优先级进行排序，排除一些非必要或是不合理的规格。

在对产品进行细化设计时，开发团队会给出一份详尽且合理的产品规格书，即产品最终规格。产品最终规格的确定是随着产品细化设计过程的不断推进而完善的。在细化设计的过程中，开发团队也会进行适时的调整。产品细化设计阶段的产品规格书主要用于产品开发各部门间的交流与协作。例如，设计部门拟定的设计需求，在产品规格书中会转换成由工程部门更方便阅读和实施的具体工程要求。在细化设计过程完全结束后，需要对产品的最终规格在产品规格书上进行详细的描述。产品最终规格的描述应当包括产品特征和性能要求。

　　产品特征包括产品外观特征、产品结构、产品功能以及产品的关键元器件。产品外观特征描述部分主要是将工业设计师在电脑中制作的数字原型的相关图像信息转变为可供用于工程师实施生产的具体工程文字。例如，在开发生产的网课神器产品的规格书中对产品零件进行描述时，首先需要将产品最主要的零件在图中进行标注，然后对产品零件的生产工艺、表面处理、具体颜色色号进行说明。这样有助于工程师结合产品效果图对产品的实际产出需求进行理解。

　　产品结构特征主要用于明确产品主要结构和各个零件之间的连接方式。内部主要元器件的摆放位置和产品外壳结构的连接方式也需要在此处进行说明，以帮助工程团队理解产品的整体结构和搭建方式，在产品结构部分可以对一些相对复杂的工艺效果进行简略说明。

　　产品功能特征主要描述产品最主要的功能以及使用方法。产品的一些具体参数，如在网课神器的规格书中，功能说明部分第三条会对产品具体的运作距离、范围、运作时间以及反馈方式进行详细说明。

　　关键元器件主要是对产品用于功能实现的主要元器件种类、型号、参数、规格、材质、认证号等关键信息进行说明，辅助后续产品生产搭建时的元器件选型。

　　在描述完产品特征后，需要对产品的具体性能要求进行详细说明，具体性能要求会对上述产品特征当中提到过的一些相关元器件和运作时的要求作进一步说明。部分要求的测试方法也会在性能要求部分进行明确，确保产品的具体参数在实际生产后得到及时的测试。例如，网课神器会对该智能小家电的额定电压、额定功率、额定电流等进行说明，同时会对相关元器件（如超声波传感器）的测量误差进行 1 厘米范围内的标定；会对摇臂的转动角度、转动角度误差以及转速，转动摇臂的支撑力进行具体说明，在外观与结构部分详细说明与结构相关的具体产出要求；对于可接受和不可接受的相关外观缺陷，在外观与结构的要求部分进行具体的明确（图 7-3-1）。

　　同时在丝网印刷的工艺当中，对丝网印刷图案附着力的主要测试方法进行进一步的明确，确保丝网印刷在产品上的呈现效果以及使用寿命。除了外观方面的测试，在产品的具体使用方面，相比于产品正常使用的情况，开发团队会进行更高强度的测试，并对使用前后的功能正常情况、功率差异以及耐电压差异进行重复的测量和确认。

在部分相关产品的产品规格书当中，如果对产品的运输和销售方式有具体的要求，则还会对产品包装拆卸的结构、尺寸、质量以及装箱数量等进行具体要求，同时还会对包装安全性进行相关测试。最后需要参照相关行业的具体标准来对产品的一些行业的安规进行最终的测试，并且将测试结果在产品规格书当中进行反馈。

一、产品图片

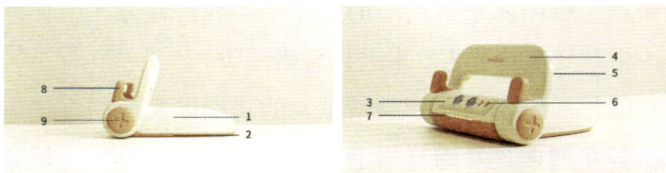

外观特征描述

序号	零件名称	描述
1	上盖	ABS哑面
2	下盖	ABS哑面
3	操作面板	ABS光面
4	前摇臂	ABS光面 logo丝印
5	后摇臂	ABS光面
6	按键盖x2	ABS光面 按键图表丝印
7	LED导光罩	PS（PC）透明磨砂
8	支撑脚	ABS+TPE（二次注塑、双色）
9	装饰端盖	ABS磨砂面
10	硅胶垫	黑色防滑垫（位置根据后期螺丝孔位）

二、产品特征描述

序号	项目	描述
1	铭牌参数	3.7V DC 4W
2	外观特征	塑胶件橙色，色号为PAVTONE 151C.，塑胶件米黄色色，色号为PAVTONE 7506C，TPE件橙色，色号为PAVTONE 151C
3	产品结构	产品结构： 主机上盖，下盖与操作面板装配在一起用螺钉固定，前后摇臂通过卡扣和螺钉装配在上下盖上； 超声波探头主线路板与电量指示灯线路板装配在操作面板上； LED导光罩置于上下盖内侧卡槽内，主机内部安装USB线路板、电池及电机齿轮箱组件，并用插线连接于主线路板上； 操作板装配三个按键盖，选行功能选择；

图 7-3-1　网课神器最终规格

7.4　本章重点知识提取

- 产品规格往往来源于顾客需求。产品规格书写主要是将顾客的各种需求和主观感受转变为客观具体数值。顾客的单个需求往往可以转换为单个具体的规格，而产品规格则是单个规格的组合。

- 产品规格主要分为产品目标规格和产品最终规格。产品目标规格可以通过对标竞品来进行设定，表达的是设计团队对产品的期望和预期。

- 产品最终规格主要是对产品自身各项具体的属性进行严格的规定，形成一份产品规格书，方便工程部门阅读和后续的具体实施。产品最终规格的制定往往伴随着产品开发设计的不断推进与细化。

第8章 细化设计

8.1 产品细化设计

细化设计是产品开发设计整个流程当中最重要的一环，是决定产品概念设计与产品开发设计区别的主要流程，也是产品概念向市场转化的关键节点。它使整个产品开发设计过程不仅仅停留在关注用户痛点、采用产品概念解决用户问题的设想层面，而是将设计与实际的工业生产制造、装配等具体的工程问题结合，帮助产品开发落地。

了解细化设计中的具体知识后，在产品开发的早期就可以介入相关产品的细化设计。有些细化设计的具体需求在最初进行产品战略时就已经被纳入考虑研究的范畴。在产品开发早期阶段，开发团队不仅仅要考虑产品功能和用户需求的匹配程度，还需要联合考虑关乎产品生命周期的相关工程因素。良好的生产工程特性才能同时满足生产需求和用户需求，具有高质量和可靠性的产品才能被用户广泛接受，进而为企业创造足够的价值。产品细化设计流程不仅为产品开发团队在解决产品各项具体问题时提供了方法和思路，也为产品开发团队提供了一种提前对产品涉及的更多细节进行规划和思考的理念，使产品开发团队对产品的思考更加成熟，为产品开发后续流程的顺畅推进在产品开发早期打下坚实的基础。

在对产品细化设计有了初步了解之后，总结出产品细化设计有以下两个非常明显的特点。

（1）产品细化设计需要跨职能团队

产品细化设计本就是针对各个不同领域的专项问题进行解决的过程，因此涉及相当庞杂的信息量和工作量，是产品开发过程当中最具综合性的工作。它既需要工业设计师对产品概念进行规划，又需要工业设计师对产品规格以及各种设计方案进行评价，同时还需要工业设计师对生产装配的流程、制造成本、产量有着及时的把握，并不是单一人员构成的团队可以解决的。因此产品细化设计需要足够多的开发人员和外部专家共同参与。可通过不同开发团队之间的交流和研讨来对产品方案进行整合，提升产品设计的质量。

（2）产品细化设计是贯穿产品开发全过程的概念

产品概念设计阶段以及产品战略规划阶段就已经开始涉及产品相关功能和规格的选定。因此在进行产品概念选择时，我们也需要对产品的具体成本有所估计，或是对产品的一些具体功能需求是否可行进行初步的实验和判断。同时，在进行产品规格确定时，开发团队也需要专业人员在产品的各项特性之间进行评价和权衡，确保产品可以获得最大的市场收益。而这些关乎产品细化设计的具体思考，贯穿于产品开发设计整个流程的各个环节。

8.2　细化设计模块

产品细化设计是针对具体问题的专项设计，具备较强的特殊性。为了尽可能覆盖多的细化设计，我们需提取细化设计中不同模块的共性与个性，并在细化设计的具体流程中将其分为几种在常见产品当中相对通用的专项问题设计模块：电器设计、体验设计、结构设计、交互设计以及设计评估。

电器设计是针对部分带有电子电路相关结构的产品而进行的特有专项设计环节（图 8-2-1）。带有电子电器相关元件的产品能满足使用者需求的功能核心是产品内部的相关电子元器件。因此，需要针对其内部的电子元件进行相应的设计和规划，确保其可以正常地运行，并在此基础上进行后续的设计。设计时，电子电路设计被视为最先需要解决的设计问题。

图 8-2-1　电子电路设计搭建

　　体验设计是关乎用户对产品的感受进行的专项设计，因此体验设计不只是出现在细化设计阶段（图 8-2-2）。而与工业产品相关性最强的体验设计流程主要包括草图设计、三维模型设计以及产品的渲染及表现。主要针对产品的造型、材料以及表面处理的相关知识，对产品进行效果图的产出。产品效果图的产出当中需要结合一定的工程知识，才能使产品设计的材料、结构、造型、质感更为合理且具有可生产性。

图 8-2-2　产品体验设计

　　关乎产品生产和产品装配的设计主要体现在结构设计这一环节（图 8-2-3）。产品开发的结构是否合理、产品结构件的材料如何选择、实现的工艺是什么，均是结构设计需要解决的问题。同时，在结构设计阶段，还需要考虑产品各个主要结构在进行生产之后的装配流程是否便捷、产品的装配及使用当中的各个结构是否合理、结构强度是否可以满足用户的使用需求，这些也都是在结构设计环节需要考虑的问题。

图 8-2-3　产品装配

产品在使用时会涉及产品与用户之间的交互。在互联网产品和智能化产品快速发展的当下，用户对工业产品的可交互性的需求也在逐渐增加（图 8-2-4）。

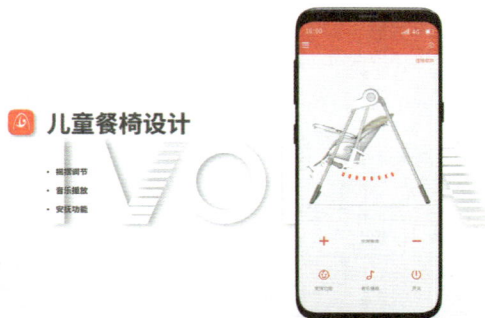

图 8-2-4　交互设计

细化设计的各个阶段会存在一些相对细节的专项问题需要研究和评估，以确保某个特定的专项问题切实得到解决。因此，在产品开发的细化设计阶段，我们会进行相关的设计研究来解决产品当中核心的设计问题，并根据研究结果支撑新产品的开发。

8.3 电器设计——产品的"激活"

8.3.1 元器件模块规划与选择

电器设计的流程与方法应遵循以下步骤。

首先，我们需要在产品规格书中详细说明产品的使用逻辑和功能实现方式。这些信息最好使用编程化语言下的逻辑流程图来表现（图 8-3-1），通过这种方式，我们既可以明确梳理产品的使用流程，确保在预设的使用逻辑上不存在任何问题，又可以让后续参与电器设计的专业人员清晰地了解产品的使用逻辑和相应的程序设计。

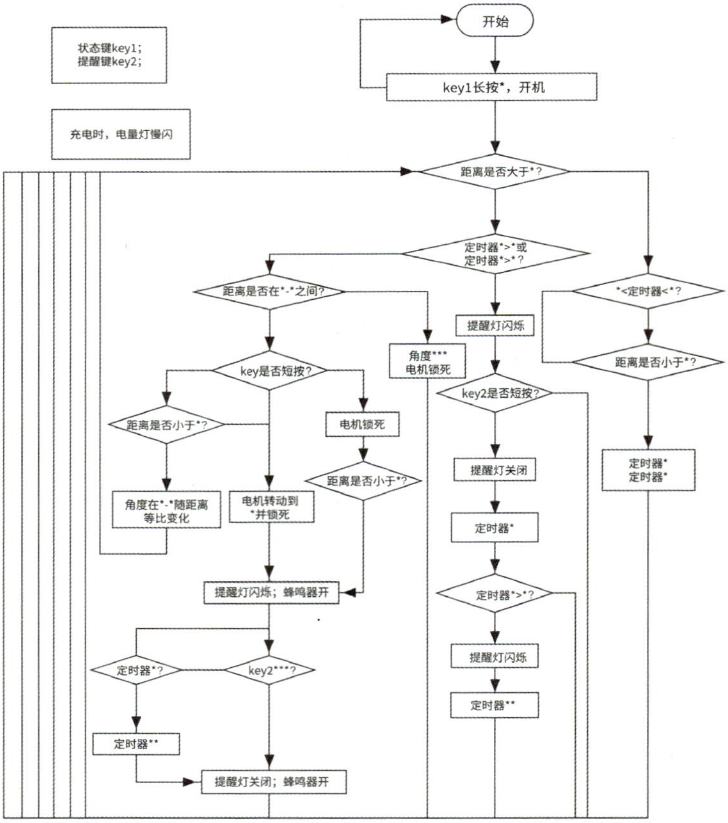

图 8-3-1 逻辑流程

其次，我们需要明确产品的功能和使用逻辑，再根据产品的需求对需要的技术进行选择。电器产品的技术设计部分主要包括一些通用技术的应用。电气产品的功能核心往往由多种不同的技术进行叠加组合来实现。

常见的驱动技术所采用的元器件有直流电机、步进电机、舵机以及空心杯小电机（图 8-3-2）。我们需要精确掌握这几个电机的特征以及适用场景，才可以根据产品定位选择合适的电机。例如，直流电机本身运作速度较快，但是无法进行精确的控制，大多被应用在智能垃圾桶当中；而步进电机转动速度较慢，但是可以进行精确的角度控制，往往应用在一些对产品控制有明确档位需求的产品当中。

▌电机图

驱动技术	直流电机	步进电机	舵机	空心杯小电机
特性	速度快,控制不精确	速度慢,控制精确	精确,角度固定	成本低
成本	10元以内	5~50元	7~50元	1元左右
使用场景	智能垃圾桶	智能浇花系统	监护系统、机器人	小风机

图 8-3-2　电机技术及相关分析

因此，我们需要根据相应的产品功能需求对要设计的产品种类和所需的元器件进行选择。在当今各类产品相当完备的情况下，大部分类型的产品均可以通过选择相对标准的元器件来实现各功能需求。借鉴功能类似产品的实现逻辑和元器件选择，我们可以在成本可接受范围内选择适合的元器件。对于不同种类的产品，我们需根据其具体要求进行元器件的选择，不应一味选择高精度的传感器，成本也是在元器件选择中需要考虑的因素。全新的元器件开发周期较长、成本较高，只有在绝对需要的情况下才需要考虑进行开发。

在常见的产品开发中，相当多的产品功能不完全依赖于单独的传感器实现。很多时候，相关的传感器和开关等基础元件都被集成在开发板上完成，这也是对技术的一种保护。因此，硬件工程师通常会参与印制电路（pcb）板的设计和规划中。在后续的硬件堆叠工作中，及时与硬件工程师沟通和协调与pcb板和相关传感器有关的部分是非常重要的。

在智能抽真空米桶的项目方案设计中，我们对智能抽真空米桶的主要功能以及使用流程进行了具体的分析和规划（图8-3-3），对取米、存米、米的临期提示以及使用时发生错误的报错提示的相关检测元件与语音模块进行了结合使用。为了完成智能抽真空米桶中米的存取、米量检测、语音提示、报错提示，我们主要选择以下几样元器件：负压开关、球阀开关、气泵、语音模块、一位一通阀以及齿轮箱。这些元器件搭建了功能样机，并且我们可以由此对元器件的价格进行查找与核算。

▌元器件实拍

▌智能抽真空米桶元器件成本核算

序号	元器件名称	价格
1	负压开关	1~2元
2	球阀开关	25~30元
3	气泵	5~8元
4	语音模块	12~15元
5	一位一通阀	2~5元
6	齿轮箱	20~25元
元器件成本为71~87元		

图 8-3-3　元件成本核算

8.3.2　硬件堆叠设计

面向元器件选型进行基本的确定之后，我们需要对产品硬件进行堆叠设计。在产品设计当中，与产品视觉相关的内容主要有两个：一个是根据用户的使用习惯和用户的需求进行产品使用方面的设计，形成一定的外观设计要求；另一个是产品元器件的功能堆叠，部分元器件有其自身的使用要求，需要根据其本身的体积大小以及摆放方式的要求来进行硬件的堆叠，这使得在产品设计过程中，我们不能忽略内部元器件堆叠对产品外观带来的影响（图8-3-4）。硬件堆叠，简而言之就是根据产品规划和前期定义的要求，通过合理、可大量生产的pcb板与相关元器件的拼接摆放来实现产品的相关功能，从而使该方案可以满足产品的功能需求。

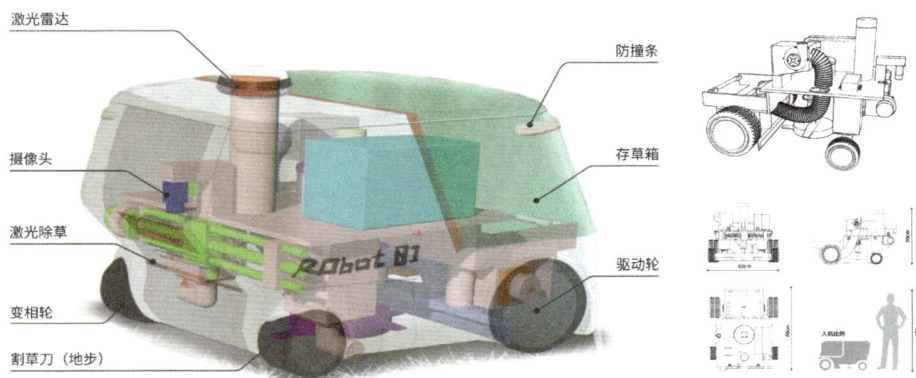

图 8-3-4　产品硬件堆叠

在进行硬件堆叠设计时，需要关注以下几点。

- 元器件功能满足。产品的硬件堆叠最终是为了产品的服务效果，因此在考虑硬件堆叠时，首先需要考虑产品的功能，使其尽可能地满足产品规划和产品定义，确保产品功能的最终实现。

- 元器件的参数。在功能方面，产品硬件堆叠需要考虑选择的元器件自身的各类功能和使用需求，从而确定元器件摆放的最佳位置。例如，在机器人的案例当中，机器人在户外环境下工作时会有越障的需求，因此我们需要对车轮的轮径以及轴距进行考量，这两项参数的确定直接影响了其他产品内容物的放置空间。

- 元器件的位置。元器件的摆放位置是堆叠设计时需要考虑的重要因素。除了满足元器件的使用条件，产品的重心也是影响产品可用性和使用舒适度的重要因素。我们需要将相对较重的元器件摆放在产品下层的位置，保证重心较低；将产品质量进行均匀分布，保证产品使用者使用时的舒适度。

- 元器件的空间占用。从设计空间角度而言，我们需要尽可能地将元器件的摆放变得更为合理，缩小元器件摆放的体积，对堆叠的相关元器件的尺寸、厚度等进行控制，从而满足产品造型和包装的需要。这样可以为产品设计留下更多的空间。

- 元器件的连接在硬件堆叠时需要考虑产品的组装、连线、运营、维修等因素。内部的元器件和产品的外部结构之间的连接性必须在硬件堆叠阶段加以考虑，确保连接简单、可靠。因此需要充分考虑相关的定位孔、测试孔、螺丝孔和避让位置等因素。我们在堆叠时，会考虑把需要维修的部分进行堆叠集成，并放置在相对靠外侧便于拆卸的位置。确保在产品运行出现故障时，可以通过最少量的拆卸检修到最多的部分来进行故障排除。

8.4　体验设计——好看的"皮囊"

8.4.1　草图与三维模型

人类70%以上的信息输入来自视觉，因此产品的表现是否得当会直接影响决策层对项目的判断。草图与三维模型是表现产品视觉的最主要手段。草图与三维模型实际上已经在产品概念设计阶段应用于产品开发流程中。工业设计师通常可以用草图规划产品的用途、使用场景、使用人群和使用方法来形成前期的产品想法，然后通过计算机辅助设计将它们以三维模型的方式呈现在虚拟环境中进行初步感受和测试（图8-4-1）。

图8-4-1　设计表现

草图是一种比较快捷的设计工具，它能很快地表达工业设计师的想法，但需要对产品的尺寸有比较准确的把握才能画出与现实世界中的产品结构更相似的草图。草图的主要目的是快速表现产品构思和概念，而相关尺寸方面更加精确的内容则需要用三维建模来实现。

三维模型效果图主要是由建模、渲染以及后期处理三个主要流程表现。这三项能力的掌握程度是判断工业设计师是否成熟的标志之一。

关于建模软件，各类建模软件都可以达到模型建立的需求，只要注意建模的两个必备原则：①顺滑的曲面，②封闭的实体。主流的建模软件有以下几类。

- 第一类是以 MAYA、3DMAX 为代表的多边形（polygon）建模。其建模方式与捏橡皮泥的思路比较相似，是在一个基本体上，通过对各个面网格的拉伸延长形成一个最终的产品。此类三维建模软件从操作逻辑上而言最为简单，对于一些曲面流畅性要求较高的产品和一些软包材质的产品有着较好的建模表现，但是在一些硬边产品的建模表现上存在一定的缺陷，对工业产品的分模和分件的概念难以较好表达。

- 第二类是以 Alias、Rhino 为代表的曲面建模软件。它们可以通过创建一些相对复杂的曲面来进行产品的表现，其在建模整体逻辑上又与工程性建模有一定的接轨。因此可以主要应用在部分拥有大量曲线外形且对精度有一定要求的产品建模上。对于工业设计而言，最常用的是 Rhino。但由于 Rhino 对结构的把握不够严谨，其在 3D 打印和实际对接制造业生产过程当中并不是特别适用。

- 第三类是以 SolidWorks、UG、CREO 为代表的工程建模软件。它们通过参数化的建模方式使参数更为精准，并令参数输出时为实体，更能应对工业设计、机械设计这类行业制造的生产需求。

这三款软件可以直接对接产品生产，它们也是目前机械和模具生产公司最常用的软件。在通过三维建模将平面草图进行三维转化之后，使用者可以在电脑上对产品的三维模型进行初步的感受，为产品赋予材质，放入使用场景，模拟使用产品的体验，并对产品的视觉感官和第一印象进行反馈，这时就需要对产品进行渲染（图 8-4-2）。

图 8-4-2　学习课桌椅产品渲染举例

在产品渲染领域，现有的足够成熟的渲染软件或渲染插件有 keyshot、5D、Vray、Conora 等。为减少软件之间桥接的烦琐，部分建模软件（如C4d、blender）会支持或集成渲染器进行渲染。在渲染过程中，若掌握好材质表现和光环境这两个最为基础的部分，则无论使用何种软件，都可以呈现良好的视觉效果。在进行初步的渲染以后，还需要在后期处理软件中对效果图进行进一步优化，整理片面关系，添加光效，使产品的效果图可以更好地呈现。如今，随着 VR/AR 等技术的发展，使用者甚至可以在虚拟渲染环境中感受到相对真实的产品尺寸，从而更好地达到产品尺寸规划和使用效果模拟（图 8-4-3）。

图 8-4-3　人机工程座椅渲染图产品尺寸规划举例

产品的三维模型也是后续工程化转化的重要依据。此时，产品的结构、主要零部件等工程细节都要进行细化。工业设计师需要考虑生产过程中的相关知识，了解产品造型、结构和生产方法，使产品能从概念落地到实际生产，并有效实现产品需求。草图和三维模型构建的关键设计环节将由工业设计师来完成，因为他们能更好把握产品使用者的心理尺度和生理尺度。尽管工业设计师可以借助草图和三维模型等工具在产品概念设计阶段中进行创意表达和初步验证，但是他们可能在理解生产过程中的相关知识方面存在欠缺。这些漏洞可能会导致工业设计师在进行产品设计时出现不合理的产品结构、不符合规范的产品表面处理等问题。为了使产品的实际落地生产进行有效转化，工业设计师需要对相关产品造型、产品结构以及产品生产方法有所了解，这样才能确保产品从概念到实际生产均有良好的质量保证。

8.4.2　形态与工艺

产品设计时，产品的外观以及相应的结构应当同时被考虑。但在实际设计过程当中，工业设计师一般会结合用户需求以及硬件堆叠的情况，以草图或者粗略建模和效果图的方式对产品的大致外观进行一个基本的规划，然后在有大致外观的基础上，再去对相应的分件等结构进行细致的设计。在这样的设计流程下，部分工业设计师对于产品的材料和基本的成型工艺缺乏相应的认识，导致设计出来的产品造型虽然好看，但是缺乏落地性。这就使得我们在产品外观造型阶段就需要对产品的材料和成型工艺有基本的了解。产品选用的材料和成型的方式在一定程度上制约了产品的造型设计（图8-4-4）。因此在进行产品外观设计之前，我们需要对产品大致的造型需求、材料类型以及相应的成型工艺进行综合性考量。我们一般会从产品的材料类型、生产工艺适应性、生产工艺局限性及成本、产品可持续性这四个角度来进行评估和思考。

图 8-4-4　材质渲染

　　首先是产品材料类型。在材料的选用方面，多数情况下，同类型产品之间选择的材料差异不会很大。因此我们会根据产品调研先对同类产品使用的材料有基本的了解，然后选择相同的大类材料（如塑料、金属、木材等）。但是在部分材料的搭配以及材料表面质感的处理上，我们可以进行相应的设计来提升产品的质感。从产品体验设计的角度考虑，在确定了材料用料范围以后，我们需要对这些材料相互之间搭配最终形成的视觉效果进行评估。

　　在对产品各个部分的材料有了基本的规划以后，我们需要知道相应材料的生产工艺特点以及其适应性，即什么样的生产工艺适合何种类型的产品造型。塑料常见的几种生产工艺有注塑、吹塑以及滚塑（图 8-4-5），它们适应的产品类型亦不相同。注塑是通过极高的压力将液态塑料快速注入模具中形成产品零件的制造方式。注塑高压、高温的生产特点，可以形成细节较为丰富且相对复杂的产品造型。从产品结构层面上看，注塑也可以生产一些带有网格或者加强筋的塑料制品来加强产品零件结构强度。因此注塑对于造型复杂、结构需求高的产品有极大的优势。塑料的吹塑成型也需要通过一定的气体压力使塑料依附于模具表面，但是吹塑仅适用于结构简单的产品制作，且只能制造中空结构的产品。滚塑成型主要是将塑料熔化后，通过模具的快速旋转使熔化的塑料布满模具表面，再进行冷却固化。其对于模具的要求更低，模具结构相对简单，制造成本非常低。除了塑料以外，金属、木材等其他的材料在进行产品造型时，也必须考虑产品材料及生产工艺的适应性。

图 8-4-5　注塑、吹塑、滚塑工艺产品案例

　　产品生产工艺的适应性给予了我们选择产品的材料及生产工艺的基本思路，但是在面向产品造型进行设计时，我们也需要充分了解相关生产工艺的局限性和对应的生产成本。生产工艺局限性在很大程度上制约了我们对产品造型的设计。例如，在采用注塑生产时，我们需要充分了解产品的脱模需求等相关知识以及产品的分型和分件等相应结构知识，防止设计的产品造型在模具的层面上无法实现。随着时代的不断发展，各种相应的生产工艺本身的局限性也在随着技术进步而不断变小。现在许多极其复杂的造型可以通过模具设计的相关知识来解决，但这也相应地增加了生产成本。所以，产品的工艺局限性和生产成本是两个必须要放在一起考虑的内容。在进行产品外观设计时，为了确保将生产成本控制在合理的范围内，工业设计师必须舍弃一些已经构思好的产品细节，或者根据工程需求调整一些预设的产品结构来降低成本。

　　如今，环境问题越来越受企业和社会的关注，可持续设计已是大势所趋，产品可持续已成为材料选择的一个全新导向。产品可持续的设计理念要求工业设计师对产品材料进行选择时，要从更加全面的视角来看待，强调协调产品设计中的环境、社会、经济三因素，而不仅仅是从产品自身的相关需求来进行考虑。当前关于产品材料可持续发展的理念中存在一个较大的问题，即评价产品可持续性的相关指标无论是对产品生产方还是产品的直接使用者，都没有非常明显的关联性。这使得在选择产品的材料时，大多数工业设计师或者相关人员都会忽略产品材料可持续性。但是工业设计师需要对这个概念有一定的把握，并且积极尝试对一些新材料的探索，尝试从生产角度和使用体验角度，将产品可持续的概念植入产品当中。例如，竹材是一种在工业产品中暂时还没有广泛应用的材料，但其质量轻、韧性大、抗压能力强，物理特性突出，同时，其本身的纹理、气味等又可以给用户带来独特的风格和体验。国际上已经对竹材的使用提出了相关建议，倡议"以竹代塑"，为环境、社会减负（图8-4-6）。工业设计师需要从设计的角度思考如何更好地应用新材料，将可持续的理念更好地进行推广。

图 8-4-6　竹制板材寝室床案例

8.5 结构设计——坚实的"骨干"

产品的结构设计将直接影响产品工业生产的可行性以及用户使用产品时相关功能的可实现性。结构设计主要包括选用合适的材料以满足产品性能以及设计产品本身的装配结构。装配结构会根据产品的功能需求和具体的结构需求来选择和决定。经过结构设计，结构工程师才能进行产品后续的落地开发工作。在一般产品设计流程中，选择现有标准零部件、通用结构和已经获得实现的产品结构来实现产品功能和结构需求是最稳妥的方法。对于全新的创新性结构设计，则需要进行更多相关研究来评判其科学性。

8.5.1 产品结构需求确认

部分在特殊环境下进行工作的产品，或者一些对内部电子元器件有结构需求的产品，需要确认特定的结构需求。在结构需求确认环节，主要有三防设计、防水设计、防尘设计以及防爆设计四个特殊的设计需要考虑。

- 三防设计包括防潮湿、防霉菌和防盐雾。潮湿、盐雾和霉菌会对材料的绝缘强度产生较大影响，导致产品发生漏电、短路等问题。因此，在设计时需要重点考虑这三个主要因素，减少电器产品存在的隐患。潮湿环境指空气相对湿度大于80%，在潮湿环境中，部分材料构件会因为潮湿而发生膨胀和变形，金属结构件也会加速腐蚀。因此，在选择绝缘材料和处理工艺时，需要考虑潮湿环境的影响。盐雾环境是指在沿海地区悬浮的氧化钠粒子形成的气溶胶，它与潮湿的空气结合后会对金属膜有较强的穿透作用，使材料导电性变强，从而降低电器产品的绝缘电阻。霉菌环境是指在温度、湿度和其他条件均适宜的情况下，霉菌会迅速繁殖并分泌相关的斑点，这会影响产品的外观并可能使产品中的金属锈蚀、断裂，影响电路功能。因此，对于特定环境下使用的部分电器产品，需要考虑三防设计，并根据特定情况选择合适的三防工艺。
- 防水设计是为了方便部分工业产品的清洗以及其他使用需求。防水设计已经成为许多电子产品中重要的设计元素之一。对于防水设计，已有相应的液体防护等级说明和条例（表 8-5-1）。在进行产品设计时，工业设计师需要根据产品具体用途精确地划定防水的保护范围，确保产品在使用时达到防水的要求，并尽量减少防水结构对生产成本的影响。一般情况下，产品的防水主要包括上下壳的防水、按键防水、电池门防水以及传感器引出部分的防水。常用的防水方法有打胶水、超声波固定、二次注塑、O形圈防水等，我们需要根据产品具体需求选择合适的防水工艺。

表 8-5-1　防水等级

等级	防护范围	说明
0	无防护	对水或湿气无特殊的防护
1	防止水滴侵入	垂直落下的水滴（如凝结水）不会对电器造成损坏
2	倾斜15度时，仍可防止水滴侵入	当电器由垂直倾斜至15度时，滴水不会对电器造成损坏
3	防止喷洒的水侵入	防雨或防止与垂直夹角小于60度所喷洒的水侵入电器而造成损坏
4	防止飞溅的水侵入	防止各个方向飞溅而来的水侵入电器而造成损坏
5	防止喷射的水侵入	防持续至少3分钟的低压喷水
6	防止大浪侵入	防持续至少3分钟的大量喷水
7	防止侵水时水的侵入	在深达1米的水中防30分钟的浸泡影响
8	防止沉没时水的侵入	在深度超过1米的水中防持续浸泡影响；准确的条件由制造商针对各设备制定

- 防尘设计与防水设计类似，也有相应的等级说明（表 8-5-2）。防尘设计主要使用防尘材料，利用空气动力学原理，根据实施现场环境风洞实验结果，加工成一定形状、开孔率和不同孔型的集合阻挡风墙，使流动的空气在墙体内侧形成上下干扰的气流，从而实现所需要的防尘效果。每天使用的手机、电脑、汽车等消费电子产品，都通过防尘网、过滤网等技术来防止灰尘进入产品内部。

- 防爆设计是指企业在爆炸危险环境中使用各种电动机、电器和仪表等时，为避免电器在正常工作时产生电弧、火花或高温引起的环境爆炸所进行的一系列防护措施。这些防护措施旨在防止电器产品在爆炸性气体或蒸汽浓度达到可燃范围的环境下引发爆炸。因此，这些电器产品需要经过专门的防爆设计。

表 8-5-2　防尘等级

等级	防护范围	说明
0	无防护	对外界的人或物无特殊的防护
1	防止直径大于50毫米的固体外物侵入	防止人体（如手掌）意外接触电器内部的零件，防止较大尺寸（直径大于50毫米）的外物侵入
2	防止直径大于12.5毫米的固体外物侵入	防止人的手指接触到电器内部的零件，防止中等尺寸（直径大于12.5毫米）的外物侵入
3	防止直径大于2.5毫米的固体外物侵入	防止直径或厚度大于2.5毫米的工具、电线及类似的小型外物侵入接触电器内部的零件
4	防止直径大于1.0毫米的固体外物侵入	防止直径或厚度大于1.0毫米的工具、电线及类似的小型外物侵入接触电器内部的零件
5	防止外物及灰尘	完全防止外物侵入，虽不能完全防止灰尘侵入，但灰尘的侵入量不会影响电器的正常运作
6	防止外物及灰尘	完全防止外物及灰尘侵入

8.5.2　产品结构与材料选择

在确定产品的特殊需求进行之后，我们需要对产品的结构和材料进行选择。那么如何合理地选用材料呢？材料不仅决定产品的功能结构，还决定产品的价格，所以材料选用主要根据产品应用需求、性能需求和市场定位综合判断来选择。

集成灶——根据产品的应用需求选材

一个产品一般不只由单一的材料构成，而是由不同材料共同组成。同一个产品中可能同时存在玻璃、金属、塑料甚至木材等多种不同类型的材料。同种类型的材料中又有不同的分类，如塑料中存在聚丙烯（PP）、丙烯腈－丁二烯－苯乙烯共聚物（ABS）等材质，金属材料中则有铜、铝、不锈钢、各类合金等。因此，对于不同材料的综合选用，我们需要考虑产品自身的应用需求以及应用的场所。例如，在集成灶的选材案例当中，集成灶产品的一大使用特点就是产品本身会与高温火焰直接接触。因此，我们首先需要考虑的就是产品在高温环境下工作时的安全性。所以在集成灶的灶台表面，我们选用了防高温玻璃。由于防高温玻璃与集成灶的火焰较为接近，需要防止高温炸裂，给予其使用上的安全性保障。其次，由于烹饪后会产生较多的油烟以及食物残渣残留在灶台表面，玻璃材质其本身表面光滑，易于清洁，方便用户在家中对集成灶产品的长期维护（图 8-5-1）。

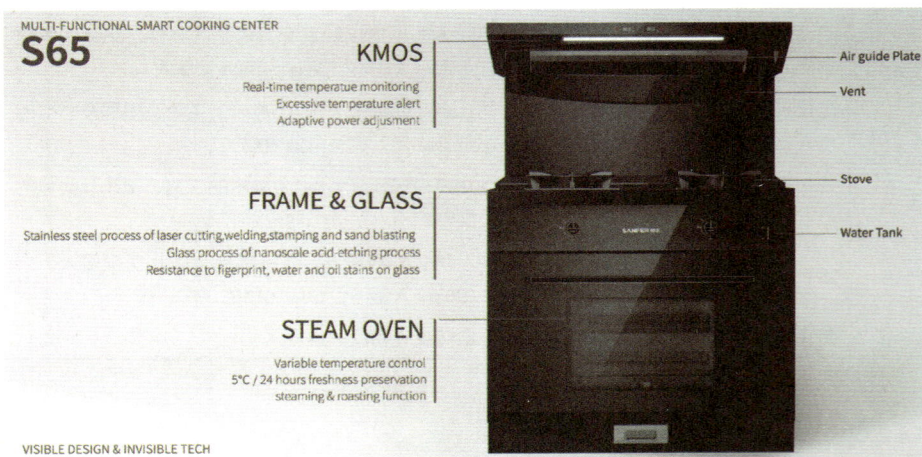

图 8-5-1　集成灶材质案例

人机工程座椅——根据产品的性能需求选材

产品的性能是用户挑选产品的重要依据。性能是指产品自身各项参数的优劣。除了产品自身的功能参数之外，产品的外观造型、质感等都是影响用户主观感受的因素，因此也属于产品参数。在座椅的设计案例中，黑色网椅的椅背以及塑料件部分均采用 PP 塑料和玻纤混合的材料（图 8-5-2）。PP 塑料本身的材料性质较软，我们会在 PP 塑料中混合 20%~25% 的玻璃纤维来增加其刚性与韧性。由于 PP 塑料本身质地较软且价格较为低廉，采用 PP 塑料制作的椅背一般会采取相对较为粗壮饱满的造型设计来满足椅背所需要的结构强度。椅背处粗壮圆润的造型结合半光泽的质感，与网椅的网格面料形成了强烈的视觉对比，使整体产品的视觉效果谐调而平衡。虽然采用了相对经济的材质，但呈现出了极强的产品质感。

图 8-5-2　网椅材质案例

猫碗——根据产品的市场定位选材

在设计产品前，产品的市场定位也会对材料的选用产生影响。产品的质量分为高档、中档和低档三个档次，不同档次的产品对应不同的市场。高档的产品在材料选用上可以选择相对较为贵重的材料，而低档产品在材料选用上就要尽可能地降低生产成本。在猫碗的设计案例当中，我们对该产品的品类进行分析时，发现猫碗产品其本身的需求量极大，相同品类的产品又极多（图 8-5-3）。低价位、能满足宠物使用需求以及安全需求的产品是大多数宠物主人的选择。现有的大部分猫碗为了彰显自身的安全性以及品质感，往往会采用陶瓷。陶瓷本身有充足的分量感且不含任何的毒性，宠物主人选购陶瓷碗时会更放心。但是陶瓷碗生产成本较高、生产工艺困难，难以满足进入低价位市场的需求。因此，我们在限制材料成本的基础上对猫碗进行了设计。由于在使用过程中需要着重注意猫碗应不容易被宠物掀翻，因此我们对猫碗三个支撑脚的位置和角度都进行了设计并进行了多次的实验，确定了三个支撑角的倾斜角度。解决了轻质量的前提下，防止猫碗被宠物掀翻的问题。有了这样的基础之后，我们最终选用了食品级塑料作为产品的材料，并通过把控产品曲面质量以及后期表面处理，使产品呈现出陶瓷的质感。

图 8-5-3　猫碗材质案例

8.5.3　产品组装及固定结构

在确定产品的结构设计之前，首先需要确定的是产品的分型。产品的分型主要有以下两种：第一种是结构分型，第二种是模具分型。结构分型又叫结构拆件、分件等，是指对整体造型进行有效分割，形成多个不同零件的方法。模具分型是指单个塑料零件为了满足模具生产成型而确定分型面的过程。分型面的确定是为了产品能够顺利从模具中取出。因此，分型面的位置应当选在单个零件断面尺寸的最大部位。

　　工业设计师在进行设计时，主要需要考虑产品的结构分型。结构分型在很大程度上影响了产品的组装以及美观性。因此，在满足生产条件的前提下，学习对产品进行各个零件的拆分也是工业设计师重要的必备技能之一。生产过程中，模具的制作往往由结构工程师来完成。但是模具分型也是工业设计师在进行结构分析时需要考量的标准之一。工业设计师设计的分件中的单个零件能否通过模具注塑的方式进行生产，是工业设计师需要通过模具分型的知识进行判断的。因此，这两类分型过程虽然是设计过程当中两个不同阶段的工作内容，但两者存在一定的关联性。

　　在猫碗的设计案例中，虽然我们选择了价格较为低廉的食品级塑料作为主要制作材料以达到控制成本的目的，但是在最终产品呈现的效果上，我们希望它可以呈现出陶瓷般的质感来满足用户的外观审美需求，因此这对整个碗的曲面流畅造型有着极高的要求。碗中盛放食物的部分是主要面向用户的部分，这一整个完整的半球面是不可以分割的，我们需要去保持一个单一的顺滑曲面来表现产品质感，因此我们对盛放食物的碗面做了一个单独的结构拆件。为了满足 15 度倾角的要求以及整个猫碗的放置稳定性要求，我们为该产品设计的三个支撑脚与外表面圆弧的接合部分存在一定的角度。在这样的设计条件下，三个支撑脚和外表面圆弧无法通过单次注塑成型。因此，我们对三个支撑角与外部圆弧面进行了结构拆件。最终我们用五个零件完成了该产品的结构分型，其中三个支脚零件共用一个模具，减小了开模的成本。同时，我们在产品的结构连接方式上考虑到需要用户自行进行装配，因此对三个支撑脚和产品主体部分之间的连接方式进行了卡扣固定的设计，简化了用户的安装过程（图 8-5-4）。

图 8-5-4　猫碗结构设计

在明确了产品的结构分型后，解决各个结构之间的连接问题是产品结构设计中非常重要的一环，涉及如何将产品各个零部件连接在一起形成整体并实现产品功能，因此保证连接牢固性对产品功效至关重要。

从连接方式角度分析，产品的连接可以分为动态连接和静态连接。静态连接是指成品零部件之间相对固定、没有位移，它们支撑的是产品的主要连接结构。而用于产品零部件之间的动态连接则需要连接方与被连接方之间相互可动。根据产品零件之间是否有运动需求来对静动连接进行选择。

除了零件之间的运动需求，还需要对零件之间的可拆卸性进行考虑，如对于电池仓等需要进行拆卸的结构，我们通常会选择便于拆卸的卡扣结构。卡扣连接是另一种常见的可拆卸式固定连接方式，常用于塑料零部件的连接。卡扣结构能赋予嵌入零部件灵活性和柔韧性，如果产品强度要求不高或有一定的拆卸需求，则可以选用卡扣连接方式。

对于需要保证结合稳定性且用户不常有拆卸需求的结构，我们通常采用螺纹连接（图 8-5-5）。螺纹连接有多种灵活的布置方式：一种是基于某一零件上设通孔，通过螺帽和螺栓实现固定；另一种是在零部件的设计中设置内螺杆孔，将螺纹螺丝拧入其中实现固定；还有一种是利用自攻螺丝进行固定，此时成品应当被设计成有相应凸台孔，不必使用螺纹孔。这些布置方式均有着较强的固定力，并且保留了一定的可拆卸性。

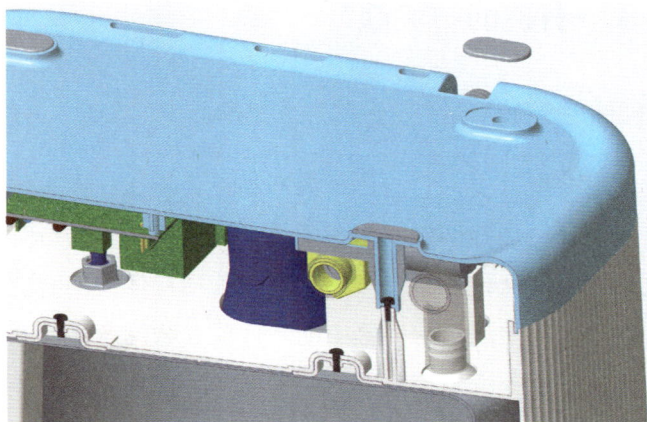

图 8-5-5　螺丝连接

　　针对部分产品特殊的使用需求，如手机或其他电子产品有极高的防水需求，我们往往会采用不可拆固定连接的方式。因为可拆卸的结构一般会有缝隙，这使产品无法达到防水等级要求。在部分塑料件的连接中（如手机壳上下盖部分的连接），通常会采用超声波焊接的方式，它将两个壳体进行密合，获得较强的防水性能（图 8-5-6）。

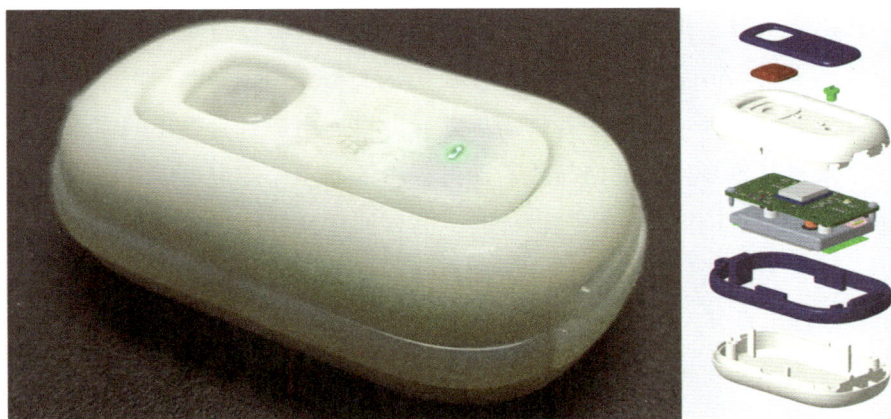

图 8-5-6　超声波焊接

8.6 交互设计——有趣的"灵魂"

8.6.1 交互需求及硬件平台确认

交互设计是工业设计的一个分支，它与传统的产品设计相比，在思维方法层面有所不同。交互设计更加强调以用户为中心，关注使用者的行为和交付流程，并倡导过程性。交互设计的思维方式是改善用户体验的有效途径。人们经常将交互设计狭隘地理解为屏幕中的软件或互联网产品交互设计。交互指的是人与产品、服务或系统之间的一种交流。在个体和群体生活以及人与物质世界的交换中，任何涉及与人产生交流互动的领域都可能产生交互设计。因此，交互设计不仅是在互联网时代产生的全新概念，还是一个自然融入人们生活的概念。

优秀的交互设计需要向用户清晰、简洁地传达使用信息并减少用户的学习成本，从而提升用户体验。交互设计的本质在于以用户为中心。在交互设计的理念中，产品不仅是系统中的元素，还具有情感寄托和人文内涵，因此交互设计常常和情感化设计存在较大的关联。这需要工业设计师将心理学、行为学以及设计艺术和情感等相关的知识进行运用与结合来设计。

在调研阶段，我们面向目标用户对于产品的需求进行了初步把握。我们应该基于用户情感化的需求，去挖掘一些特殊的群体特点，如不同年龄、文化背景和社会环境产生的各种需求差异。目标用户自身提出的需求很大程度上来自其本身使用的产品或活动过程中的痛点，用户可能并没有太多的感知和总结。因此，在交互设计时，需要抓住目标用户本身的特征，如年龄、性别、生活经历、共同经历和教育程度等，达到触及目标用户真实需求并设计出良好人机交互产品的目的。

老年人和儿童偏向于有较多关爱元素的交互设计，强调用户行为层面的交互；而年轻用户则更注重感觉上的交互，希望通过个性化、情感化以及文化认同的方式提高产品使用时的幸福感。除了针对目标用户自身特点进行分析外，还需考虑目标用户在产品使用场景中的心理状态，从而选择最适合该场景下目标用户使用的交互方式。

下面列举几种常见的交互方式，并分析它们主要适用的场景。

• 实体类交互：实体交互指机械按钮、旋钮和滑动开关等（图 8-6-1）。此类交互最为稳定和精确，适合需要精确控制的交互场景，如开关和各类数值调节场景。这种精确的交互形式在各种场景下可通过简单、便捷的操作直接满足用户需求。因此，在处理最为简单的交互方案时，采用这种最简单的实体形式是最为直观的。在部分手机或电子产品中，一些音量调节、手电筒开关类的交互形式也是借鉴此类实体交互。除了功能性之外，现在的实体交互形式还有一个作用是实体交互的各种不同触感的反馈，这已经成为年轻人解压的一种方式。此外，设计一些情感化或对体验感要求较高的产品时也可以考虑此类交互形式。

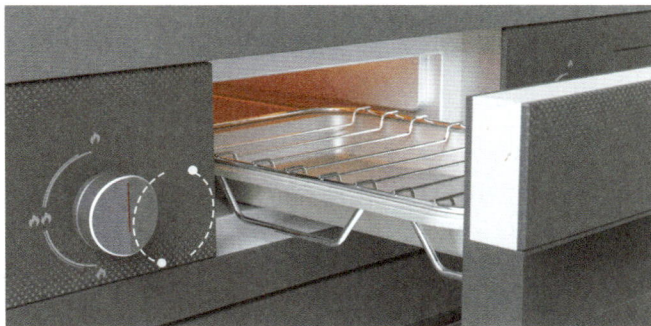

图 8-6-1　实体旋钮交互案例

• 应用（APP）交互：包含多种类似的机械交互集成在一个较小面积内时，容易造成混淆。因此，此类交互方式不太适合大批量的交互操作。如果必须使用这样的交互布置，则需要按照按钮的功能和使用方式，在大小、颜色、形状等方面进行区分，让用户可以轻松地记忆并使用。相对于实体按钮，部分结合 APP 的产品交互可以很好地解决此类问题。而且这种交互形式可以很好地解决实体按钮功能化不足且形式单一的问题。APP 开发成本较低，可承载的功能较多，因此提供给使用者编辑的余地较大。当用户有多样化的需求要进行定制化使用时，APP 交互可以很好地完成此类工作。

• 智能化交互：智能化交互包含很多种类型的交互，是一种很好的提高
用户参与度的交互方式（图8-6-2）。智能化的交互方式中，如存在
语音交互、手势交互或是肢体动作捕捉而达成的多模态交互方式，这
些交互形式更加贴近于人体的活动和行为，并方便用户进行记忆，同
时，在反馈上也更加直观、科技感十足。因此，结合多感官的多模态
交互是一个在各类产品中使用越来越广泛的交互形式。同时，类似于
语音交互、语音输入等交互形式也极大地提高了工作效率。然而，此
类交互形式存在私密性的要求。对于部分使用者而言，在公共场所进
行语音交互是一件存在风险或是有一定心理障碍的事情。而且在公共
场所进行语音交互还存在被嘈杂环境干扰的问题，需要用户适当提高
音量。在这样的条件下，用户的交互行为可能会影响公共环境中的其
他用户。与此同时，手势交互和肢体识别类的交互在当下也面临着识
别度较低以及识别速度较慢的缺陷，导致其并没有迅速普及和发展。
不过，在一些私人场所，如家中或一些私人场所中，这类智能化多模
态交互则可以辅助用户更便捷地完成其操作。

图8-6-2　交互界面案例

8.6.2　交互设计需求

在选择交互方式时，需要根据用户的使用场景和心理特点进行综合评估，并确认相关知识和硬件平台。在进行交互设计、原型产出和评价时，需要注意以下几个原则。

（1）遵循用户的心智模型

以用户为中心的设计标准体现对用户心智模型的尊重。心智模型是基于用户过往的经验和对现实的一种感知，是一套能帮助用户构建和理解产品行为框架、原则的方法。用户在看到产品时会快速形成这种心智模型，从而预测并适应系统产品或相关软件的用途。

（2）关注用户情感化设计

在当前同类型产品功能基本相同的竞争环境下，产品之间很难有较大差距。因此，研发人员越来越注重产品的使用体验，追求产品的情感化设计。情感化设计与产品的各项规格属性以及用户的情感需求息息相关，产品的各个细节设计满足了用户的情感需求。

（3）满足用户需求及交互系统的可用性

交互设计最重要的内容是解决用户的问题以满足用户的需求，同时确保系统的可用性。在交互产品的评价中，对于交互产品的可用性评价是排在第一位的，在整个用户体验设计过程中，可用性的原则应贯穿始终。针对不同类型的用户，需要表现出各种可用性。不仅需要考虑初次使用的用户、熟练使用的用户，还需要考虑那些间歇性使用产品的用户，给他们制订相应的用户体验。站在不同用户的角度，运用简明易懂的功能设计，提高用户完成操作时的效率。

（4）实现多样化的交互方式

随着科技不断进步，交互产品的载体向不同领域拓展，交互方式也越来越多元化，如语音、手势、触摸屏等交互方式的变化，旨在满足用户的不同使用习惯和需求。同时，需要进行多模态的融合，以适应不同环境下产品的使用场景。

（5）考虑用户的个性化需求

由于人们情感化需求的提高，满足用户个性化需求成为工业设计师们最重要的任务之一。为了更好地满足用户的需求，工业设计师需要根据用户的特殊需求进行交互设计。例如，在语音控制时，可以考虑对语音人格进行判别，以提供更加符合用户需求、使用舒适度较高的语音情感化模式。此外，还可以结合人工智能和机器学习等技术来预测用户行为，提供更加个性化的行为定制交互服务。

8.7 细化设计的评估——接受多方检阅

8.7.1 计算机仿真与测试

计算机仿真设计主要是通过对产品三维模型的力学强度进行评估，确保产品结构的力学强度可以达到标准。在确保产品强度达到标准的基础之上，可以通过计算机对产品的用料种类以及用料克数进行模拟，并且在范围内进行适当的增减，再次测试，以达到节约用料、降低成本的目的。而计算机仿真设计针对不同开发阶段和开发种类的产品，其测试流程和测试标准也存在差异。

开发成熟产品时，在计算机仿真设计过程中我们会选择相对便宜的材料，用尽量省料的结构对产品结构先行测试。在节省用量的情况下，产品结构在计算机仿真中通过虚拟测试后，我们将该结构进行打样，再进行实际的力学测试，根据实际情况来判断节省成本的可行性。如果在实际测试中存在问题，则需要对该结构进行加厚、加粗或更换用料的处理。

对于一些不成熟的产品，类似于一些首创产品或拥有全新结构的产品，我们会按照该结构最初的设想，采用相对保险的用料类型和结构。采用相对更厚的壁厚及不节省材料的方式来进行结构的制作。在这样的情况下，如果可以通过计算机仿真测试，则需要按照这样的设计进行打样后实测。

如果该结构可以顺利通过实测，我们则会在计算机中对其进行降本优化的处理，通过减少用料或更换便宜的材料等手段，尽可能地降低产品成本。

在工业产品的生产制造过程中，我们经常采用的计算机模拟方式是有限元分析。有限元分析是将实体的、闭合的工业产品的部件模型放入工程软件中，再对该封闭的实体进行网格化分割。网格分割得越精细，产品各个结构部位在后续进行有限元模拟时测得的应力分布就越准确，但同时也会加大计算机的计算量。因此，在实际的项目操作过程中，应根据项目的实际需求来对其进行合理数量的网格划分。

对模型进行网格划分以后，我们会根据实际的受力需求，对该产品结构件在实际使用过程中主要受力的位置进行受力测试，并对该结构件的内应力情况进行分析。该结构件受力时的应力情况会从有限元分析计算图中得到反映（图 8-7-1）。

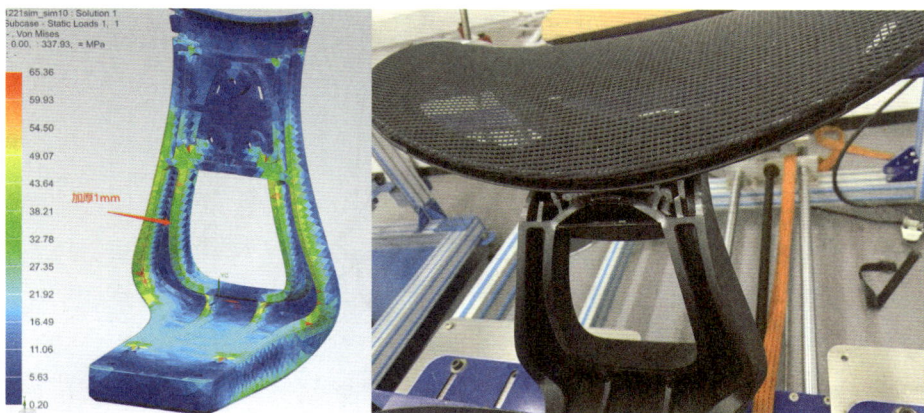

图 8-7-1　产品结构件有限元分析

例如，椅背的结构件在进行受力分析时，图中显示应力较高的部位是零件中部孔洞周围的结构。有限元分析的结构结果与该结构件在实际进行测试时受力过大而产生发白的部位非常相似。根据分析结果和实际测试结果，应对应力较高的部位进行筋位的加强，或对该部位进行增加壁厚处理来提高该位置的强度。

8.7.2 人机测试及评估

人机测试及评估则往往用于新产品开发的最主要创新点研究上，主要用于新产品创新点的合理性与可行性评估。产品最终的使用者一定是用户，因此通过人机相关的仿真与评估体现了新产品以人为本、对人负责的态度。

以我们曾经做过的相关项目和采用的相关人机测试仪器为例（主要有压力设备检测以及肌电设备评估），气囊书包压力评估就是其中之一（图8-7-2）。在针对儿童的护脊气囊书包的产品设计中，我们基于人体背部肌肉的分区，对气囊书包和儿童背部贴合的部分进行了分区气囊的设置。我们根据人体肌肉分区，在不同部位选用不同密度的海绵，以提高背部贴合度和防护力，并通过可调节的3D气囊固体系统，改变了传统单一格子气囊的方式。我们根据背部身体曲线设定气囊的高度曲线，使背部更加贴合。

图8-7-2　气囊书包背部设计

对于肌肉分区和相关的压力测试人机理论而言，我们的设计相对于传统书包在护脊方面有绝对的优势，但是需要一定的数据来支撑和验证猜测。因此，我们最终采用人体压力分布测试系统对五款儿童书包样品进行压力分布的测试。在负重测试时，我们放置了五本纸质书，使书包的质量保持在3000克左右。之后，我们对若干名被试在背负这五款不同书包时的背部压力进行了测试，并总结了以下压力分布图（图8-7-3）。

根据压力分布图的结果显示，传统的三款样品书包在脊柱部分和脊柱两侧存在非常明显的主要压力分布区，而其他的位置则压力分布点较少，这会使压力分布非常集中，腰背部的受力非常明显。传统款书包与用户的背部贴合感极差，背包的舒适度非常低。而经过改进的气囊书包，压力分布图上显示压力的分布点分散在书包的各个部位，有效地分散了主要压力，并且整个书包与用户背部贴合良好，有着极高的舒适度。

样品编号	样品A	样品B	样品C	天文一代书包	天文气囊书包
压力分布图	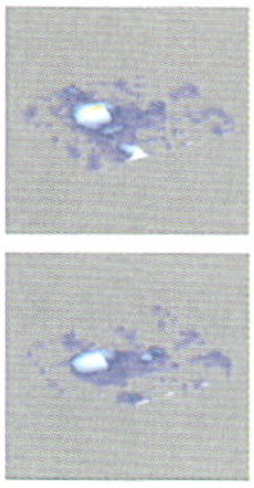	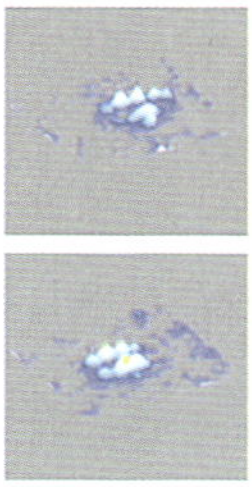	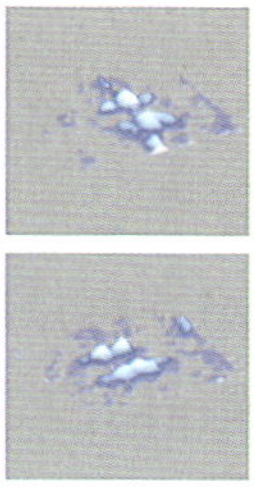	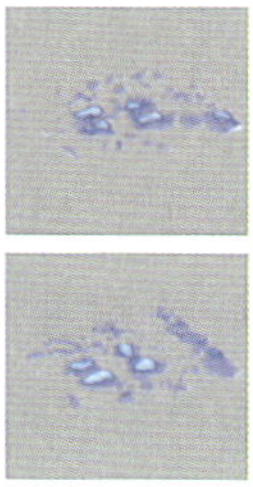	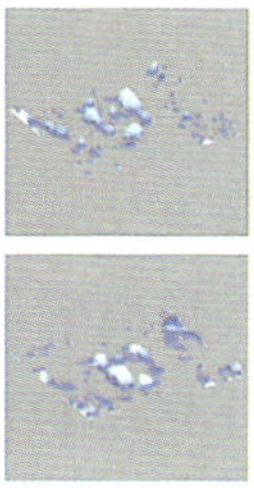
测试结果	压力分布集中，腰部受力明显。背部贴合感极差，舒适度极低	压力分布较均匀，背部受力明显，不能达到减压。背部贴合感较差，舒适度较低	压力分布较均匀，压力稍有分散，达到减压效果。背部贴合良好，舒适度较高	压力分布均匀，背部整体受力小。背部贴合良好，舒适度较高	压力分布均匀，背部整体受力小。背部贴合良好，舒适度高
结论	舒适度：品牌A ＜ 品牌B ＜ 品牌C ＜ 天文公司一代书包 ＜ 天文公司气囊书包				

图 8-7-3　气囊书包压力测试

针对压力进行数据化的处理与分析后发现，天文公司的气囊书包更符合人体结构，它能有效地降低背部和肩部的压力。该书包可以达到分散背部的压力 28.94% 以上，分散肩部的压力 41.13% 以上，总体可减压约 37%，具有更好的护脊功能。

在天文公司书包的测试评估中，除了背部的压力分布外，我们还采用表面肌电来评估书包使用者肌肉的受力情况，判断书包的舒适度。试验依旧采用上述五款书包样品和相同的测试人员。同时将试验分为两组：一组被试背负空书包，另一组被试背负相同质量内容物的书包，进行静止、行走和跑步等运动测试。用生物信号测试被试肩部肌肉静止和收缩时的情况，从而判断被试肩部受力大小。

压力分布主要测试书包对被试背部的压力分布情况，因此通常只能在静止状态下测试。然而，在实际使用过程中，用户会经常处于行走或较快跑步状态，因此我们需要通过表面肌电变化来判断这两种情况下用户肩部的受力情况。表面肌电波形变化及相关数值特征可以很好地反映用户的肌肉运动情况、受力情况乃至疲劳情况。

根据测试结果，我们获得了各样品在不同情况下的波形图（图 8-7-4），发现前三个样品表面肌电的波幅较大，这说明被试肩部受到的压力较大，而步行和跑步时受到的压力更大。相比之下，我们设计的气囊书包在静止状态的波动幅度极小，趋于平稳，步行时肩部肌肉波幅仅轻微增加，即使在跑步情况下，波动程度也小于前几款样本，从而验证了天文公司气囊书包对分散肩部压力具有良好的作用。

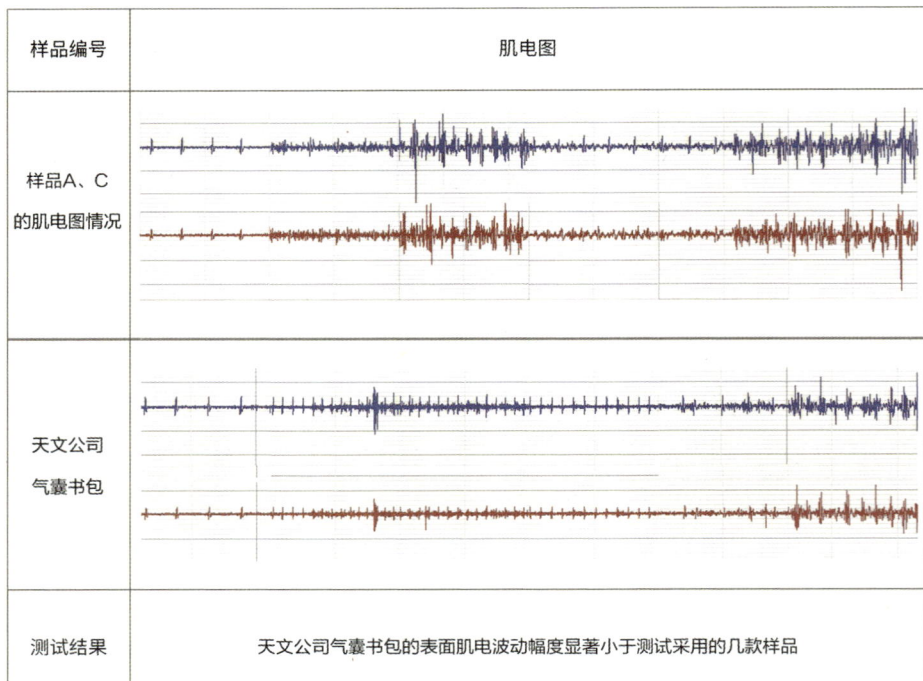

样品编号	肌电图
样品A、C 的肌电图情况	
天文公司 气囊书包	
测试结果	天文公司气囊书包的表面肌电波动幅度显著小于测试采用的几款样品

图 8-7-4　气囊书包肌电测试

8.8 本章重点知识提取

- 细化设计的目标是将设计与实际的工业生产制造、装配等具体的工程问题进行结合，帮助产品开发落地。其特点是贯穿产品开发全过程，且通过不同开发团队之间的交流和研讨对产品方案进行整合，以提升产品设计的质量。

- 产品细化设计阶段是针对具体问题的专项设计，分别是电器设计、体验设计、结构设计、交互设计以及设计评估。

- 电器设计的流程与方法包括元器件模块规划与选择、硬件堆叠设计、软件设计等。

- 体验设计需要考虑草图与三维模型、形态与材料工艺等。可以用草图规划产品的用途、使用场景、使用人群和使用方法来形成前期的产品想法，然后通过计算机辅助设计将它们以三维模型的方式呈现在虚拟环境中进行初步感受和测试。

- 结构设计主要包括选用合适的材料及其性能以及产品本身的装配结构。其流程一般为产品结构需求确认、产品结构与材料选择、产品组装及固定结构。

- 交互设计更加强调以用户为中心的思维方式，关注使用者的行为和交付流程，并倡导过程性的思维，其内容包括交互需求及硬件平台确认交互设计需求。

- 细化设计的评估包括计算机仿真与测试与人机测试及评估，其目的是对产品三维模型的力学强度进行评估，确保产品结构的力学强度可以达到标准，同时对产品创新点的合理性与可行性进行评估。

第9章　产品原型搭建

9.1　何谓"功能样机"

　　功能样机（图9-1-1）是指在产品设计与开发中能够实现产品基本功能和性能要求的样品。功能样机搭建是指产品第一次以实际的物理形态出现在人们面前，是产品设计开发者将抽象的想法、需求转化为具象产品的过程。功能样机搭建作为产品测试和验证的手段，能够更直观地看到产品的外观、结构、功能和性能。功能样机使用户可以对产品进行初步评估，验证产品方案的合理性，对产品的布局、交互和功能有一个整体、全面的把握，从而使开发团队可以更好地评估产品的可行性和优化空间，解决产品开发过程中出现的问题，提升用户的使用体验。

图9-1-1　干果机功能样机展示

　　功能样机（图9-1-2）还可以作为产品开发过程中的沟通工具，促进设计者和开发者之间的沟通与协作，清楚表达产品设计理念、功能交互及执行逻辑，提高产品、研发及业务部门之间的沟通效率，让设计者和开发者能够在实际的使用场景中检验产品的功能是否符合用户的需求和期望，避免信息不对称和信息传达的遗漏缺失导致的整个项目进度延期问题。

图 9-1-2 牛排机功能样机展示

功能样机的基本要求因产品不同而有所差异，一般来说，有以下几个方面。

- 功能要求：功能样机应该能够执行最终产品的关键功能，展示产品如何工作以及如何与用户交互。
- 可靠性要求：确保功能样机在规定使用条件下能够经受住测试和评估。功能样机应该由经得起磨损的合适的材料制成，确保其能在预期使用寿命内完成规定功能。
- 成本要求：功能样机不是最终产品，它的成本应该是合理可控的，可以使用更低成本的材料和生产方法制造得到，降低总体的开发成本。
- 用户体验要求：设计时应考虑用户的心理、生理和行为特点，使功能样机符合人机工学原则和规范。功能样机应易于使用，具有直观的控件和界面，确保最终产品对用户是友好的。

功能样机是产品开发设计中不可或缺的一个重要环节，是产品成功的关键因素之一。允许设计人员在生产前测试和评估产品的功能和性能，确保功能原型满足上述基本要求。设计人员可以在开发早期发现设计缺陷或问题，从长远来看，这样可以节省时间和成本。

本章将引入两个具体的产品案例来讲解功能样机的实际应用，比较不同产品的功能样机在设计开发过程中的不同要求和区别。

案例一是安吉大康集团设计的一款智能充气支撑办公椅（图 9-1-3）。

这款办公椅是为了解决上班族久坐造成的疲劳和不良坐姿问题设计的，它通过增加腰背部和左右两侧的脊柱支撑气囊结构增强椅子与身体的贴合度，可以让用户保持正确且舒适的坐姿。在功能样机阶段，充气气囊的支撑效果和不同体型用户的使用感受是样机要实现和测试评估中的重要内容。

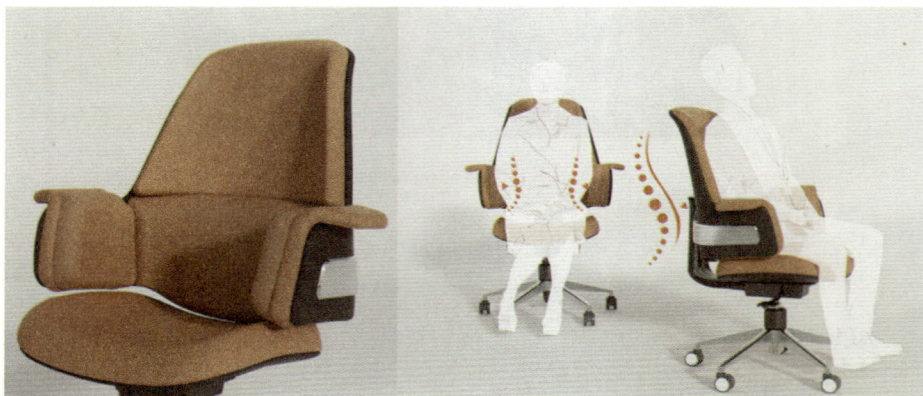

图 9-1-3　智能充气支撑办公椅

9.2　功能样机的制作——从想法到实现

　　制作功能样机是产品开发和设计的重要组成部分，它能够帮助设计人员在产品开发早期就识别和解决产品设计中的缺陷或问题，在产品量产之前测试和改进产品设计，从而降低代价和高昂的设计更改风险。制作功能样机的过程包括确定设计要求、选择制作材料与方法、设计样机、制作样机、测试样机以及根据测试结果对样机进行提炼和改进。通过这些步骤，工业设计师可以增加最终产品在市场上成功的概率，并提供满足或超出用户期望的产品。

　　制作功能样机的第一步是定义设计要求，此阶段是从设计想法和概念过渡到产品的可行性、实用性的阶段，设计团队、产品工程师和其他利益相关人员应合作开发，这涉及确定产品的基本功能，性能要求和规格，外观、尺寸和材料等。设计要求应该清晰、简明、可衡量。定义设计要求对于产品开发过程的成功至关重要，可确保样机满足产品的设计目标并按预期执行。

设计要求的定义通常包括以下几个方面。

- 设计要求的目的：说明设计要求是解决什么问题，满足什么需求，达到什么目标。
- 设计要求的范围：说明设计要求适用于哪些对象，涵盖哪些功能，应排除哪些功能。
- 设计要求的标准：说明设计要求需要遵循哪些规范，符合哪些质量，满足哪些性能。
- 设计要求的约束：说明设计要求受到哪些限制，有哪些假设，存在哪些风险。

智能充气办公椅的设计要求如下。

- 产品尺寸：椅子的主要参数包括座面高度、靠背高度、座面宽度和座面长度等（图9-2-1）。
- 产品材料：智能充气办公椅使用的材料包括海绵、塑料、皮革等，在选择材料时应考虑其性能、价格、耐用性和环保性。
- 产品结构：产品的主要结构包括坐垫和靠背、可充气的气囊以及其他一些附件，在设计时应考虑其稳定性、安全性和功能性。
- 产品功能：产品的主要功能是通过改变椅子靠背和左右两侧的气囊鼓起的程度，适应不同体型人群的支撑需求。
- 产品操作与控制：智能充气办公椅可以通过扶手处的按钮进行操作以实现充放气，从而调节腰部左右两侧以及背部腰靠的高度。办公椅的工作状态具有一键切换的模式调节。例如，一键入座：按下按键，腰部左右两侧以及背部气囊按照一定的规律，背部气囊开始充气（6秒），随后腰部左右两侧气囊开始同时充气（15秒），结束后自动停止。一键离座：按下按键，腰部左右两侧、背部气囊同时放气，可实现一键即可控制三个气囊同时放气（20秒）、方便用户离座的功能。

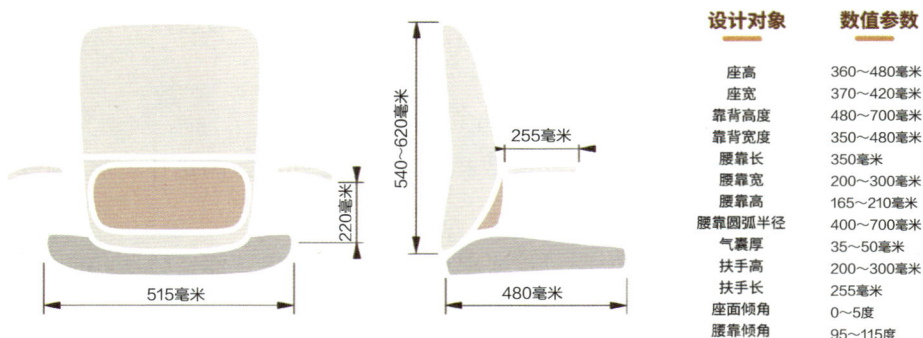

设计对象	数值参数
座高	360~480毫米
座宽	370~420毫米
靠背高度	480~700毫米
靠背宽度	350~480毫米
腰靠长	350毫米
腰靠宽	200~300毫米
腰靠高	165~210毫米
腰靠圆弧半径	400~700毫米
气囊厚	35~50毫米
扶手高	200~300毫米
扶手长	255毫米
座面倾角	0~5度
腰靠倾角	95~115度

图 9-2-1　尺寸数据

在明确产品的设计要求和功能原理后，就要选择合适的材料和方法来制作功能样机。充气办公椅的制作材料包括木头、塑料、牛津布和金属等，样机制作过程中用到了手工制作、3D打印、数控切割等不同的制作方法。这一步骤需要根据产品的类型、复杂度、功能要求、成本预算等因素进行综合考虑，以达到最佳的效果。功能样机的材料可能与最终产品的材料不一致，但在质量、耐用性和功能方面应与最终产品材料保持一致。不同的材料对应不同的加工制作方法，如3D打印、机械加工或注塑成型对材料有不同的要求。3D打印需要专门为增材制造工艺配制材料，而计算机数字控制（CNC）加工则需要有易于加工的材料。材料成本也是材料选择时的一个重要考虑因素，尤其是对于功能样机而言，选择的材料应该具有成本效益，并且要在项目的预算限制范围内。

生产加工功能样机需要经过许多的制作工艺，从手工制作技术（手工工具、刀具沙箱和小型电动工具）一直到先进的精密仪器。一般来说，常用的功能样机制作工艺有以下几种。

- 3D打印：3D打印是当下流行的一种样机制作方法，它能够快速准确地创建复杂的形状。可利用3D打印设备按照三维模型对塑料或金属材料进行逐层堆积或固化，通常用于创建塑料或金属零件。3D打印适用于形状复杂、数量较少、精度较低的零部件。本章案例的样机制作中都用到了3D打印，尤其是智能冲奶机，这种主要以塑料为主的小家电，使用 3D 打印制作功能样机非常方便快捷。

- 数控切割：利用数控设备按照程序对金属或非金属材料进行切割或雕刻，适用于形状简单、数量较少、精度较高的零部件。在办公椅的案例中，椅背和扶手处大面积的支撑结构使用到了木板，在加工时使用了木工机床来进行切割和打孔的操作（图 9-2-2）。

图 9-2-2　智能充气支撑办公椅数控切割零件

- CNC加工：CNC 加工是一种减材制造工艺。数控机床可根据预设的程序，对材料进行切削、钻孔、铣削等操作，制做出符合产品尺寸和形状的样机。这种方法的优点是精度高、效率高、可重复性好，适用于制作金属或塑料等硬质材料的样机，可以生产具有高精度和表面光洁度的产品。这是一种比 3D 打印更精确的加工方法，但速度更慢且成本更高，材料浪费大，难以制作有复杂曲面或空心结构的样机。

- 激光切割：使用激光束，根据预设的图形，对材料进行切割或雕刻，适用于形状简单、数量较多、精度较高的零部件。这种方法的优点是速度快、精度高、表面光滑，适合用于制作金属或塑料等薄板材料的样机；缺点是成本高、材料浪费大、难以制作立体结构的样机。

- 注塑成型：利用注塑设备，将熔融的塑料材料注入预先制作好的模具中，经过冷却和脱模后，制做出符合产品形状和尺寸的样机。

- 钣金制造：使用冲压机、折弯机、焊接机等设备，对金属板材进行冲压、折弯、焊接等操作，制做出符合产品结构和功能的样机。

• 混合方法：通常情况下，可以使用不同制造方法的组合来创建功能样机。例如，样机的主体可能是 3D 打印，关键部件采用 CNC 加工。

在办公椅案例中，考虑到制作成本与打样时间，充气办公椅样机的主体结构框架利用一把普通的椅子改造而成，再使用木工机床切割合适形状的木板打孔并用螺丝固定在椅子上充当椅背和气囊的结构支撑。这个过程中还使用了手工制作的方法，更加方便快捷。充气部分是定制生产的压印牛津布三层气囊，通过魔术贴粘在木板结构上，测试时针对不同的用户方便进行位置上的调整。气囊和海绵之间有一层 3D 打印的塑料片，它可以限制气囊在充气后的形状，更贴合腰部曲线。塑料片外侧固定发泡海绵，人体在倚靠时更舒适柔软。样机的各个零部件打样完毕后，连接控制电路，对样机进行组装与调试，当样机可以实现充气放气等预期功能后便可以进入下一步的用户体验测试环节（图 9-2-3）。

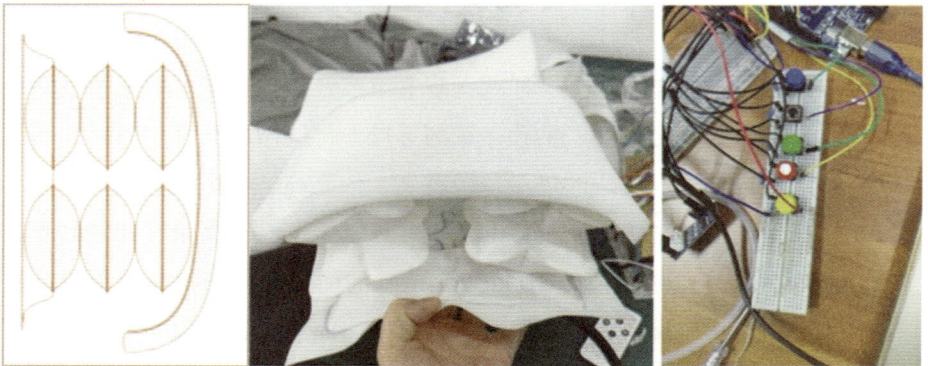

图 9-2-3　功能样机制作过程

9.3　功能样机的测试与评估

制作功能样机的最后一步是测试和评估样机，并对测试和评估的结果做出相应的改进，此过程涉及修改设计材料或制造方法以解决测试期间发现的任何问题，因此需重复测试。评估是为了验证功能样机的设计功能是否具备，是否符合用户的需求和期望，是否满足产品规格和标准。功能样机的评估主要分为内部评估和外部评估。内部评估由企业内部的专业人员进行，主要对样机的性能、功能、可靠性、安全性等进行评估。外部评估由企业外部的机构或用户进行，主要对样机的市场适应性、用户需求满足程度等进行评估。测试和评估应在受控环境和真实条件下进行。测评结果可用于改进样机，帮助发现在最终生产之前需要解决的设计缺陷或问题。测试包括性能测试、可用性测试、用户测试等，不同的产品开发需求，测试也有所区别。

在与人机关系相关的产品设计当中，用户体验评估是功能原型评估的重要组成部分，涉及观察和收集与原型交互的用户的反馈。这个过程可以揭示用户如何看待和使用产品、什么运作良好以及什么需要改进，帮助工业设计师和工程师确定产品的易用性、可访问性和整体用户友好性。用户测试可以通过各种方法进行，包括调查、焦点小组、访谈、产品体验评测等，其中，最直接的方法是邀请潜在用户使用产品，在受控实验室环境或预期使用产品的真实环境中测试用户在使用产品的过程中暴露的问题，观察并记录用户体验的反馈。根据用户反馈，工业设计师和工程师可以进行必要的调整来改进原型以满足用户的需求、偏好和期望。

在智能办公椅案例中，产品的主要功能是解决用户的坐姿问题，因此充气气囊的支撑效果用户体验评估相对更加重要。开发人员招募了用户进行测试，通过测试椅子的支撑功能对样机进行评估，并设计了用户测评打分表，记录每一位用户的使用场景（图9-3-1）。测评发现，腰部两侧气囊的贴合度和尺寸评价低于背部气囊，且女性的评价比男性更低。多数女性被试表示，气囊会触碰到胯骨部位，导致不能贴合腰部。在观察用户乘坐时，他们的坐姿会不自觉变化，腰部两侧需要支撑的位置会发生改变，观察发现前倾时腰部两侧重心会向前移8厘米左右。同时，评估还测试出气囊鼓出的合适变化范围以及气囊距离椅子坐面的高度调节范围，这给后续尺寸位置的调整提供了数据支撑。

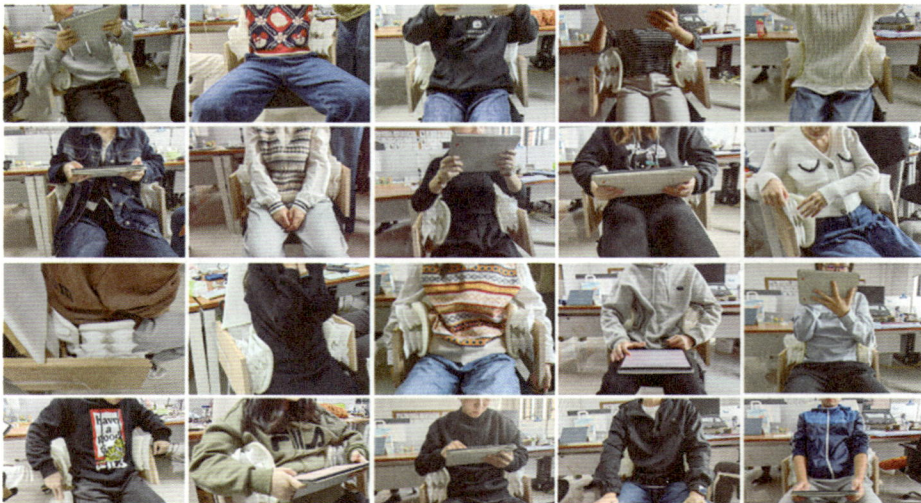

图 9-3-1 用户测试

9.4 功能样机的优化

功能样机的优化是指在保证功能样机满足产品设计要求的基础上，进行改进和完善，以提高其性能和效率，降低制造成本和使用风险。改进和优化可以通过用户反馈、内部测试或设计规范分析来完成。一旦确定了问题，设计人员就可以提出潜在的解决方案来解决这些问题。在确定问题和潜在解决方案后，设计人员应审查现有设计，看看是否有机会对其进行优化。这可能涉及重新设计某些组件或更改材料以提高其性能和耐用性。完成更改和优化后，应对新原型再次进行测试，确保更改达到预期效果。如果优化后的原型仍然不能满足预期的性能，设计人员可能需要重新回到设计过程，这可能涉及进一步的设计迭代和测试，直到具备所需的性能。一旦优化设计达到预期的性能和成本目标，就可以最终确定并为大规模生产做好准备。

在完成充气办公椅功能样机评估后，设计人员需要根据用户需求对产品进行分析，明确用户的需求并将其转化为相应的技术要求和设计要求。根据测试和评估的结果，我们进行了设计优化修改，其中最重要的调整是根据用户的乘坐体验，修改部分组件的位置以及尺寸、优化气囊鼓起后的形状，使之更加贴合身体，乘坐更舒服（图9-4-1）。我们在外观和操控上也进行了相应的调整，将扶手处的物理按键调节改为无线遥控调节。为了降低椅背质量，我们减少了扶手上的金属件，使之更适合整背调节（9-4-2）。

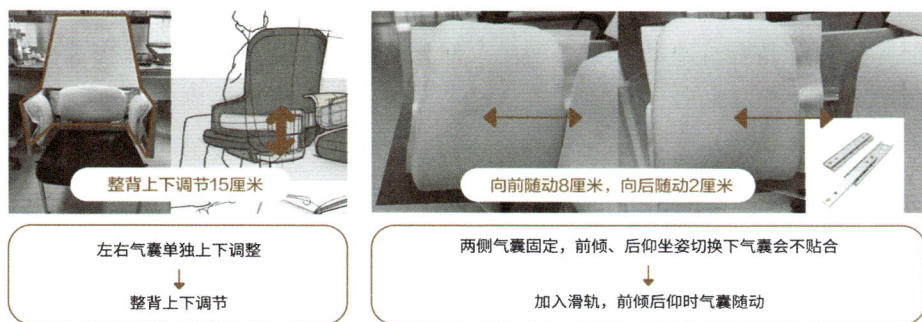

整背上下调节15厘米

左右气囊单独上下调整
↓
整背上下调节

向前随动8厘米，向后随动2厘米

两侧气囊固定，前倾、后仰坐姿切换下气囊会不贴合
↓
加入滑轨，前倾后仰时气囊随动

图 9-4-1　样机修改

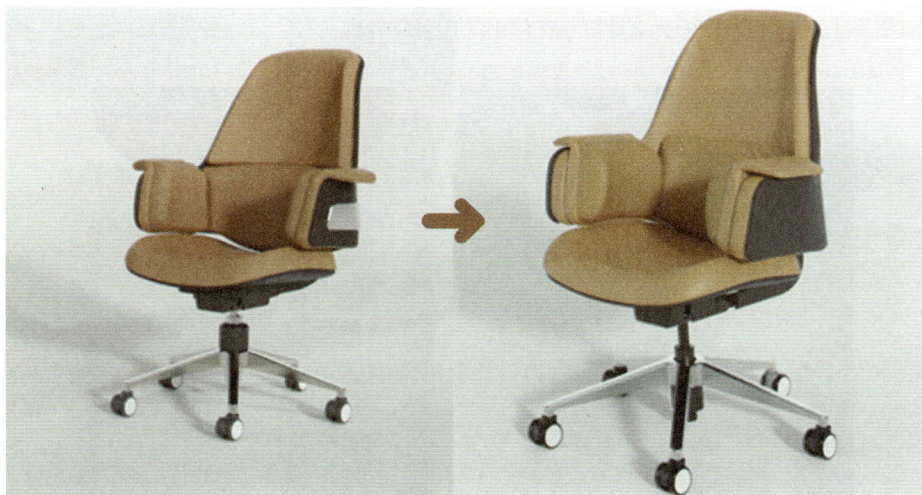

图 9-4-2　修改对比

- 减少扶手上的金属件，降低椅背质量，使其更适合椅背调节。
- 气囊区域皮质和弹力布缝合一体，使皮椅更整体。

• 将物理按键调节改为无线遥控调节。

• 修改两侧气囊弧度，使座椅更具包裹感的同时防止触碰到胯骨。

9.5　技术创新型产品样机的制作与测试

　　充气办公椅的案例帮助我们梳理了功能样机制作阶段的步骤和内容，但不同的产品有着不同的要求。在大部分的设计中，我们将现有技术组合应用来形成产品的基本功能，但是对于技术原创性要求较高的产品，则要涉及更多的结构创新设计以及新功能的测试。本节将引入另一个产品案例卡伦特智能冲奶机（图 9-5-1）来补充讲解。

　　卡伦特智能冲奶机是针对中国家长使用温开水泡奶的养娃习惯设计的，要求是在给孩子喂奶粉时实现健康、快速、方便、卫生等要求。产品的主要功能是将水加热煮沸后迅速冷却至 45 摄氏度，让用户可快速得到适合冲泡的温水进行冲奶，还可做到即热即冲。产品内部结构较为复杂，在功能样机阶段更侧重电子元器件的搭建和功能的实现。

图 9-5-1　卡伦特智能冲奶机

9.5.1　明确功能突破重点

制作功能样机中的关键要素之一是实现产品的预期功能。智能冲奶机的功能实现相对复杂，有较多的功能模块，包括制热功能、制冷功能等（图 9–5–2）。各个功能之间有不同的开发优先级，如设备物联和远程控制在智能小家电中应用相对普遍，因此可选用现有的成熟技术方案。而短时间制冷和控温控流等功能是冲奶机需要实现的关键功能，是研究功能模块的重点。因此在功能样机的开发阶段，应制作不同的功能模块分别进行功能验证。

制热功能	通过电子阀把水槽的水吸入加热管(玻璃加热管，目前市面上产品多为不锈钢管加热)，5秒内加热到100摄氏度。
制冷功能	把加热到100摄氏度左右的水直接进度到制冷仓内，通过停留时间来控制水温到冲奶的水温（40~60摄氏度）。
控温和控流量	冲奶需要相对精确的水温控制和用户设定的水量设置，通过相应的传感器或开关进行调节控制。
无线网络远程控制	通过移动设备进行无线网络连接，对冲奶机进行远程操控，主要是预约提醒功能，常规设定功能（冲奶量、水温等）。
其他辅助功能	通过小程序记录和查看设备的使用情况，如历史的冲奶量、次数等。

图 9-5-2　冲奶机功能模块

在冲奶机案例中，开发人员进行的重点开发测试就是快速制冷控温（图 9–5–3）。

制冷功能 —— 将即时烧开的100摄氏度左右的水快速冷却至40~60摄氏度

控温和控流量 —— 一次冲奶量在60~500毫升过程中，温度都要精确控制在40~60摄氏度

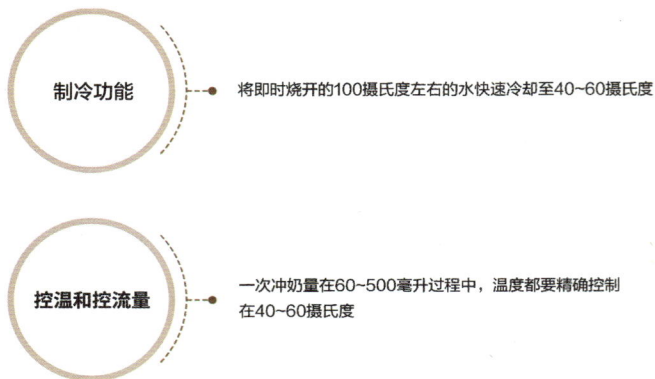

图 9-5-3　冲奶机功能模块攻克难点

9.5.2　确定技术方案

开发人员首先设计了智能冲奶机制冷功能的原型，该过程既要调研市面上已有的相对成熟可靠的相关技术，了解制冷、温控相关的技术方案，又要基于现有技术进行创新设计，避免造成专利侵权而影响产品的后期上市。开发人员对比了现有的两种制冷方案，通过对比制冷特点、效率、噪声等因素后，选用了半导体制冷方式（图 9-5-4）。

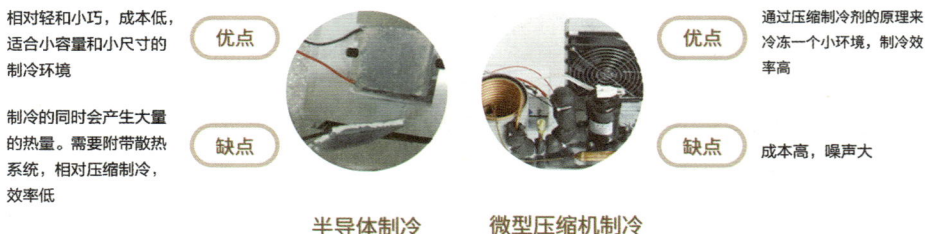

相对轻和小巧，成本低，适合小容量和小尺寸的制冷环境　优点

制冷的同时会产生大量的热量。需要附带散热系统，相对压缩制冷，效率低　缺点

优点　通过压缩制冷剂的原理来冷冻一个小环境，制冷效率高

缺点　成本高，噪声大

半导体制冷　　　微型压缩机制冷

图 9-5-4　制冷功能对比

9.5.3　制作功能样机

确定技术路线后，就要制作功能样机来验证。开发人员设计了一个制冷铝盒水仓，并在铝盒的外壁固定了半导体制冷片和散热风扇。当热水流经铝盒时，就可实现制冷。

明确具体的技术方案后，开发人员进行了功能样机的制作（图 9-5-5）。除了关键部件（铝盒水仓）采用 CNC 加工外，其余零件直接购买现有元器件，加热功能则用现有的烧水壶代替。由于此时还处于功能验证阶段，功能样机只要确保能实现功能即可。

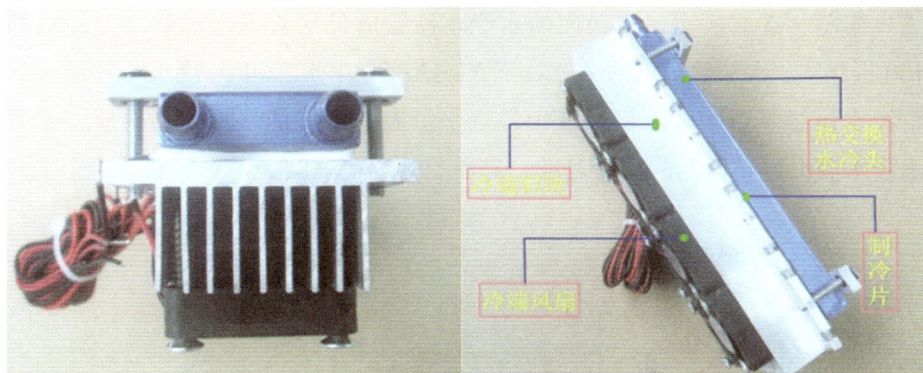

图 9-5-5　制冷铝盒功能样机

样机制作完成后，就可以进行功能测试（表 9-5-1）。测试之后，开发人员发现这样的技术方案无法满足产品的功能要求，主要存在以下几个问题。

- 所需制冷的瓦数过高，几片制冷片难以达到。
- 单体设备功率过高，制冷制热总功率相加到达 3000 瓦以上。
- 出不同容量水，水温变化较大。

表 9-5-1　制冷片降温测试数据

准备工具	1	180瓦制冷铝盒
	2	2000瓦快速烧水壶
实验过程	1	使制冷片通电10秒
	2	打开开水开关，使300毫升水，以6毫升/秒的流速流过制冷铝盒
	3	检测出入口的水温变化
实验结果	100毫升	85~41摄氏度
	250毫升	85~71摄氏度

9.5.4　功能样机的优化

在第一次实验没有达到预期的功能目标后，开发人员改进了技术方案。产品在使用过程中需要先将冷水烧开至热水，然后再将热水冷却至温水，因此开发人员根据热交换原理设计了水冷散热的技术方案。

如图 9-5-6 所示，水箱内的水经水冷管的外层管进入加热仓，加热到 100 摄氏度；水加热以后进入水冷管的内层管，内层管中的热水与外层管的常温水接触降温，降温后进入恒温仓，恒温仓中有加热片和制冷片，使恒温仓水温恒定在设定的出水温度，避免受到环境温度如冬季、夏季的影响。

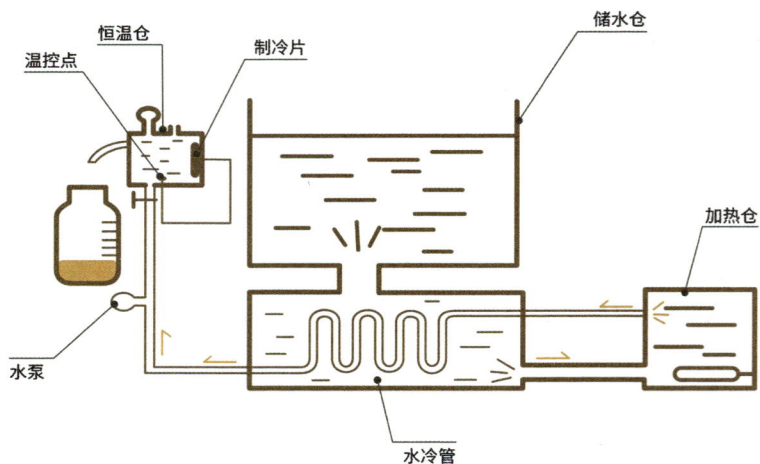

图 9-5-6　冲奶机水循环系统原理

在优化功能样机的技术原理后，开发人员重新制作了功能样机，并制作了玻璃管和铜管，还对不同材质以及不同大小的水冷仓进行了新一轮测试评估。

开发人员进行了多组对比试验，对比了水冷仓不同大小、不同材质以及不同的热水与冷水比例之间的降温效果。测试结果显示，水冷仓中热水和冷水比例接近 1∶1 时，出水温度会很快趋于稳定。玻璃管和铜管水冷仓都可以达到相似的降温效果，但是考虑到整体产品的清洁问题，玻璃管长期使用水垢比较少，成本较低，故应从产品综合角度考虑，最终确定使用玻璃管。

在攻克了冲奶机关键功能难点之后，开发人员设计了冲奶机内部结构，通过采用冷水仓实现了初步降温，采用稀土厚膜即热器烧水和半导体降温实现了加热和冷却的功能（图9-5-7）。

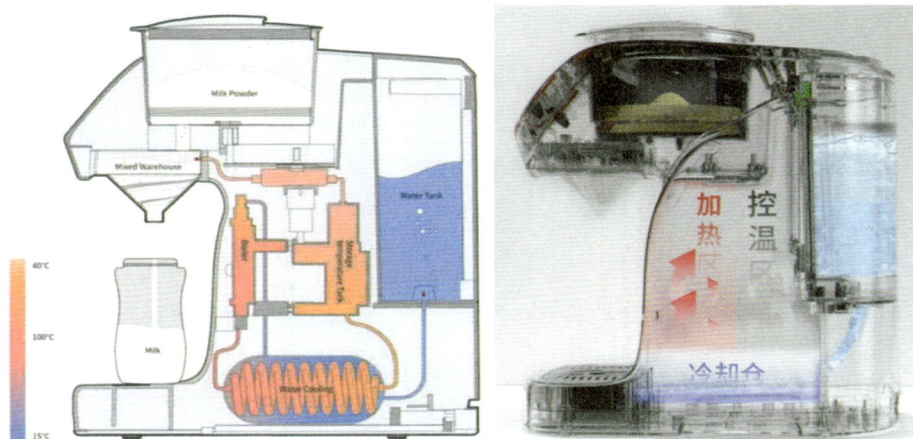

图 9-5-7 智能冲奶机水体循环系统

9.5.5 性能测试

在完成功能样机的整体开发后，还要进行最终的性能测试。性能测试主要涉及测试产品的关键特性和功能，以确保它们按预期运行。性能测试可能涉及检查原型的速度、准确性和整体有效性，涵盖产品的可用性、功能和质量。在功能原型之前，产品在实现预期功能时以碎片化的形式进行，很少有样机可以制作一次就满足产品的所有开发需求。开发团队通过研究功能样机确认产品是否逐一满足了开发需求。这个过程可以是非连续的，即需通过多个功能样机来完成。

在智能冲奶机项目中，水的加热与冷却性能是重要的产品功能指标，泡奶时的出水时间会影响用户的使用体验，因此在功能样机开发完成后，开发人员又进行了主要功能的性能测试，做了不同出水量的实验来进行性能测试，记录了水温变化和出水耗时。最终的测试结果（表9-5-2）表明，产品已经满足产品的功能目标。

表9-5-2　制冷片降温测试数据

水箱水温/摄氏度	设定流量/毫升	锅炉出口需求温度/摄氏度	冲奶需求水温/摄氏度	测试次数	实际流量/毫升	锅炉出口实际温度/摄氏度	冷凝仓内水温（起始温度）/摄氏度	冷凝仓内水温（终止温度）/摄氏度
冬季模式 10	120	92±2	43±2	1	70	100	16.8	47
				2	70	100		
				3	100	100		
				4	100	100		
				5	100	100		
冬季模式 10	250	92±2	43±2	1	190	100	16.8	40
				2	180	100		
				3	175	100		
				4	170	100		

9.6　本章重点知识提取

功能样机是设计概念向产品实体转化的桥梁，它可以作为产品设计过程中发现问题和解决问题的工具。我们可以通过对比本章的两个案例发现功能样机在不同产品开发过程中的不同要求和区别。

- 功能样机的重点验证内容不同：智能充气支撑办公椅功能样机重点验证的是充气气囊的支撑效果和不同体型用户的使用感受，而智能冲奶机功能样机重点验证的是水温的速升速降、热交换效应、水温控制功能。
- 功能样机的难度和复杂度不同：智能充气支撑办公椅功能样机相对比较简单，涉及气囊结构和压力控制的设计；而智能冲奶机功能样机相对比较复杂，涉及水的加热与冷却、热交换效应、水温控制等多个方面的设计与验证。
- 功能样机的测试方法和标准不同：智能充气支撑办公椅功能样机主要通过人体工程学和用户体验等方面进行测试，而智能冲奶机的功能样机主要通过各项功能的性能指标来进行测试。

第五篇

产品开发设计优化期
——既脚踏实地也仰望蓝天

第10章　产前样制作评估及优化

10.1　何谓产前样

产前样试制是指产品的小批量加工，主要目的是确认产品品质，确保产品在大批量生产中避免由于生产工艺和产品设计结构等问题导致的纰漏。产前样试制需要确认的项目有产品的外观特性、可用性、耐久性，还有相关行业标准的测试与评估。

相较于原型样机制作的前期，产前样具备较高的整体完成度，与即将上市的产品接近。一个单独生产的产前样可能会存在一定概率的偏差，应确保严谨执行，使经过检验的所有产品都应满足相应需求，同时相关数据也需服从正态分布。对于出现异常或不符合预期情况的产品，需要及时调查原因并进行相应的调整。

因此，在产前样试制阶段，建议将生产数量设置为一个批次，确保其可靠性和稳定性。此外，该阶段还有助于生产团队提前发现和解决生产过程中可能遇到的问题，确保生产顺利进行。

10.2　产前样的评价

10.2.1　外观评审（工艺瑕疵）

在外观评审阶段，工业设计师首先会根据产品各结构的外观面表现进行定义，主要分为以下三方面。

- a面：指产品中显示信息的重要区域，如液晶屏显示区、标志的显示区以及摄像头露出的显示区等。a面是暴露在外、在正常使用时可以看到的主要表面。
- b面：指在正常使用时不能被直接看见的次要表面，如后壳组件的正面和侧面。
- c面：指正常使用时无法看到的外观面，如底面或内部。

不同面上呈现的外观问题有着不同的评判标准。产品表面出现的外观瑕疵由工业设计师评判是否会影响产品的整体感知（图10-2-1）。

产品外观表面主要通过产品原材料的成形色和产品喷涂后的颜色呈现。因此，产品表面的工艺瑕疵也要根据喷涂和不喷涂两种情况进行考量。

在一些布料或者不利于喷涂的塑料材料的评审中，工业设计师一般会对用料的色彩偏差以及产品整体的材料质感进行评估。在书包的案例中，布料编织物的色彩可能在不同的光线条件下会与渲染图有不同的色彩效果，此时需要工业设计师判断是否需要对布料的种类或者色彩进行重新调整。表面的纹理效果配合当前的色彩在视觉观感上是否符合预期、纹理的密度是否会影响产品的色彩效果，都是需要评估的内容。

图10-2-1　天文公司书包产前样

在进行表面喷涂时，产品原有材料制造过程中出现的瑕疵，大多可以通过喷漆的方式掩盖，且不会影响产品表面形状和光洁度（图 10-2-2）。但在喷涂时，也会因为操作和机器喷涂时的偶然性形成一定的工艺瑕疵，主要包括以下几种类型。

- 颗粒：指在喷漆件表面附着细小颗粒的情况，可能是由于喷头存在油漆累积并被喷出，或环境未完全密封而混入部分微小灰尘所致。

- 积漆：指在喷漆件表面出现局部喷漆时间过久而导致的油漆累积现象。

- 阴影：指在喷漆件或塑料件表面出现颜色较周围区域较暗的现象。

- 橘皮：指在喷漆件表面出现大面积细小如橘子纹路一般起伏不平，影响漆面情况的现象。

- 颜色溢出：指超出图纸规定的涂装区域而引起的现象。

- 光泽不良：指产品表面出现与标准样品光泽不一致现象。

以上喷漆的工艺瑕疵可以通过技术手段进行预防和控制。

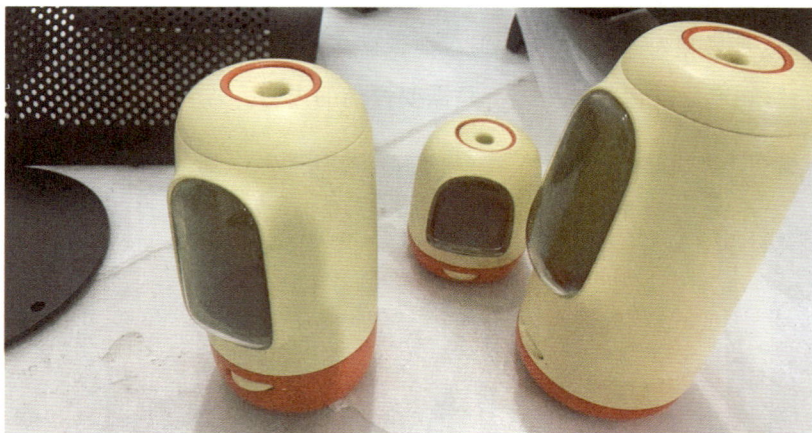

图 10-2-2　削笔机漆面色彩效果评审举例

生产过程中存在的一些生产问题或产品结构问题，会导致塑料作品存在各种外观瑕疵。常见的瑕疵主要有以下几类。

- 缩胶：当塑料熔体通过一个较薄的截面后，厚度增大后造成了压力损失，很难保持高压来填充较厚的塑料结构，因此在塑料固化过程中形成了凹坑。

- 熔接缝：是指在塑料件表面形成的一条明显线条，即当塑料熔体在流动过程中遇到阻碍物（如型芯等）时，无法充分融合而产生的现象。

- 飞边：是指生产过程中因不规范操作或模具问题导致的在塑料件边缘或分型面处产生的塑料薄片。

- 颜色不均和水纹：分别由形成色差或水纹所导致，尤其是通过色粉或液态色料进行着色时，彩料不能完全均匀化。

- 唱片纹：唱片纹通常出现在由PC材料制作的产品上，呈现灰暗色，主要是在低速注射塑料熔体的过程中，接触模具表面的熔体凝结速度太快、阻力太高造成了波浪状纹理。

- 塑料制品发脆：其很大一部分原因是内应力造成的，也可能是因为有不合适的参数存在于原料、工艺或设备注塑的过程中。在产品设计方面存在问题会导致塑料制品发脆开裂，如部分制品带有容易出现应力开裂的尖角缺口或厚度相差较大的产品结构，以及设计出过多过薄或镂空过多的结构。

- 划痕：分为来自硬物摩擦的硬划痕和来自脱模时产生的表面细划痕。

- 顶白或顶秃：由塑料件的厚度设置不合理或安装时孔位差值设置不合理而产生的白印或凸起。

- 漏光：多是因为产品内部包裹的电子元器件的指示灯灯光透过了产品表面。在非预想的透光情况下，漏光会降低产品本身的质感。

除了产品表面可能产生外观上的瑕疵外，各零部件在制造过程中也可能出现缺陷。产成品在经过装配后有可能会出现零部件制造和装配时的瑕疵。比如，在两个零部件连接时，可能会出现断差。该问题是因为加工误差导致实际拼合面偏离标准位置而引起的。断差包括正向断差和反向断差，通俗来说，就是指两个连接部位间的高度差异。为了解决这些产品外观上的不足，我们需要在设计之前进行样品试制。我们在确认由制造缺陷还是由设计问题造成后，可以对产品的结构和生产过程进行进一步改良，以减少同类问题在大批量生产中的发生（图 10-2-3）。

图 10-2-3　矫姿器零件结构评审举例

10.2.2　可用性测试与评估

　　面向工业产品的可用性评估主要侧重于以下三个方面：产品的有效性、完整度以及使用效率。其中，产品的有效性是评价产品可用性的主要标准之一。有效性包括用户对产品的正确理解程度以及产品能够完整地满足客户需求。比如，在使用产品时用户可以正确地操作、出现操作错误后需要多长时间才能进行纠正、这些错误操做出现的概率是多少等，都是有效性评估中需要考虑的因素（图 10-2-4）。

　　产品的完整度主要指用户在试用产品时能够满足其需求。如果存在无法满足的需求，那么需求是单独出现还是广泛存在于其他用户身上也是需要考虑的问题。完整度评价反映了产品与用户需求匹配的程度。

　　使用效率可以在某种程度上衡量产品的易学性。使用效率指的是用户在初次使用产品时需要付出的学习成本的程度，越容易学习的产品越受欢迎。产品学习成本的评价主要从以下三个方面开展。

　　首先是用户在初次使用产品时的学习时间。第一次使用产品完成操作的难易程度决定了用户对产品的第一印象，如果用户可以轻松完成简单操作，则连续使用的意愿会增强，反之则会对产品产生不满意的印象，导致使用者流失。

其次是学习速度及效率。用户需要进行多少次重复操作才能掌握产品的使用方法；在逐渐熟悉产品的使用过程中，用户是否感到有信心和有安全感，而不是想退缩或失去信任感。

第三个指标是熟练使用者的使用效率，主要关注那些要频繁使用该产品的用户。在精通了产品的使用方法后，使用者所需要的操作时间或周期，将影响他们日常工作的效率水平。

图 10-2-4　产前样试用

在产品使用的有效性中，出错频率和错误的包容度也是衡量产品有效性的重要标准。出错频率和错误包容度是指用户在进行操作过程中出现误操作的概率以及出现误操作后产生的影响，该影响是否可以被及时纠正是包容度的直接表现。用户出现的错误操作一般分为两种：一种是决策失误，指产品在引导上出现的缺失和产品误导用户判断出现的失误；另一种是操作失误，指用户对产品的理解是正确的，但是在操作上可能存在与常规操作不符而导致的错误。产品错误的包容度是指产品出现失误后，产品或者产品系统的反应如何，过度的错误反应会极大地降低用户的使用信心，使用户对产品失去兴趣。

在评价产品可用性时，最后一个重要的指标是产品的用户满意度。相较于前面的标准，用户满意度更多涉及用户的主观感受和体验。它建立在产品的有效性和易学性的基础上，是一种更加综合和直接的指标，代表用户对产品的直接感受。由于用户感受的主观性很难像前面的标准那样进行直接衡量，因此通常采用具体的五点量表或七点量表来评估用户对产品各个方面的感受。这些量表与用户调查或产品原型测试时使用的其他量表相似。

10.2.3　耐用性测试与评估

产品耐用性也被称作产品可靠性，产品可靠性指在规定时间和规定条件下实现规定功能的能力。产品的可靠性测试通过加速寿命、模拟极端环境以及使用方式对产品的耐用性进行测试。这些极端手段可以确保产品在规定的寿命范围内和预期的使用、运输或存储条件下，保持原有功能的实现。

不同类型的产品和相关标准会选择不同的可靠性测试项目。在产品的可靠性评估中，需要考虑以下几个方面：产品的老化情况、电气性能、环境适应性、机械性能、表面处理性能以及包装运输。

产品老化是自然过程，任何产品或材料都可能出现老化和磨损的现象。为了检测产品的老化程度是否在合理范围内，我们通常采用常温老化测试和高温老化测试。常温老化测试是指将产品或产品重要零部件放置于常温环境下进行老化测试。常温老化测试可以模拟产品在实际使用状态下的寿命表现，测试产品的可靠性和耐久性。高温老化测试将产品或部分材料置于一定温度进行加速老化，以便更快地了解产品在时间和环境因素影响下可能出现的问题。

电器类产品对电气性能有着极高的要求，尤其是部分中大型家电，它们需要接通220伏的电源使用，因此对本身的绝缘耐压性能有着极高的要求。同时，产品也需要进行过压保护测试以及过流保护测试，确保产品可以在预期条件下实现其功能并保持足够的可靠性与安全性。

产品的环境适应性测试和前文所述的产品结构需求确认存在较多重合，其在结构设计阶段就已经被纳入考虑的范畴。环境适应性测试主要关注温度、湿度、光照、粉尘以及防水等性能，旨在评估产品的适应能力和质量表现。

　　用户日常使用中的各项功能都与产品的机械性能关系密切，因此产品的机械性能也是测试的重点关注内容。从结构角度考虑，需要对产品内的各个结构进行机械寿命测试（图10-2-5），如插拔结构、按键结构、折叠结构、摇摆结构以及滑动结构等，需要通过多达数千次的机械运动测试来观察其有效性和使用寿命。产品各个结构之间的连接强度也需要进行测试。连接强度测试主要通过拉力和推力测试判定产品结构是否会在破损、坏裂以及正常所需求的推拉力范围内出现损坏。

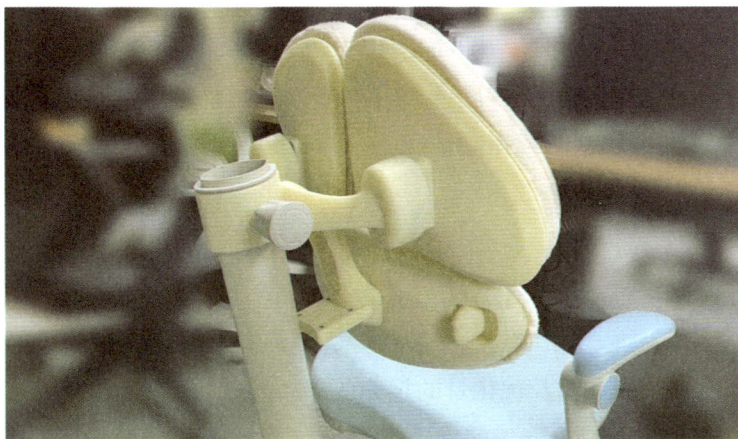

图 10-2-5　产品结构强度测试

　　产品的抗冲击性测试一般采用专门的测试工具对产品进行不同大小冲击力的测试，以观察产品完好程度并确保其能维持原有的功能和性能。产品的抗冲击性测试主要以裸机跌落测试、振动测试以及滚筒测试为主。可通过不同的冲击方式和强度来检验整体结构强度，测试产品在极端条件下是否出现故障。裸机跌落测试通常会在不同的跌落高度和不同的表面进行测试，会对产品不同结构面进行跌落测试，以模拟产品在正常使用过程中遇到的各种不同的撞击或跌落情况。振动测试主要在较高频率下进行，测试过程包括将产品固定在振动器上进行不同频率和幅度的振动测试，记录并分析产品在这些条件下的表现；也需要在不同的轴向对产品进行振动测试，模拟运输过程中车辆行驶造成的振动情况来验证产品在实际环境中的可靠性和性能。滚筒测试通常将产品放置在一个充满凸起和凹陷的圆柱形滚筒上进行滚动、颠簸等运动，以测试产品在运输过程中的抗震性、耐摔性、耐倾斜性等性能表现。产品的抗冲击测试对于提高产品的质量、可靠性和寿命非常重要。

产品的表面处理测试很常见，如在产品表面进行印花或对产品表面进行喷涂等。产品表面处理测试需要对图案或漆面的附着力进行具体测试，如百格测试、胶纸测试、铅笔硬度测试、橡皮摩擦、纸带摩擦等。同时，考虑到用户日常化妆品和酒精使用可能会对产品造成影响，因此还要进行耐化学品的表面测试。

产品的包装运输测试与产品本体的机械性能测试不同，它主要测试产品包装后的稳固性和理想程度，通过单体包装和整箱测试来确保包装和运输过程中不会出现跌落或振动情况，并保证包装内产品可以正常工作，以达到很好的保护性能。

10.3　本章重点知识提取

- 产前样制作评估及优化目的是确认产品品质，确保产品在大批量生产中不存在由于生产工艺和产品设计结构等问题产生的纰漏。主要面向产品的外观特性、可用性、耐久性，还包括相关行业标准的测试与评估。
- 产品试产与评估包括外观评审（工艺瑕疵）、可用性测试与评估、耐用性测试与评估等。
- 外观评审需要对产品造型结构缺陷以及涂装后的颜色等内容进行评判，还需要根据评审结果调整色彩或是更改产品结构。
- 可用性测试主要针对用户能否顺利理解产品的使用方法和使用逻辑。
- 耐用性测试需要针对用户的使用需求对产品的活动部分进行超出正常使用情况的测试，确保产品在使用寿命内可以被正常使用。

第11章　商业推广与产品设计

11.1　商业推广的目的与基本模式

在产品设计中，设计团队与负责商业推广的运营团队密不可分（图11-1-1）。设计团队进行产品主要的功能验证和性能验证后，就会将产品移交给运营团队。运营团队包括生产团队，生产团队将设计团队的产品落地为实际可交付的产品后，再由客户服务、产品运营、市场业务等部门制定与产品相关的策略来满足产品上市和客户服务等要求。

图 11-1-1　产品设计团队

产品推广是指产品（服务）问世后进入市场所要经过的一个阶段，是向潜在客户宣传和推广特定产品或服务的过程。它涉及各种各样的营销策略，旨在提高人们对产品的认识和兴趣，让顾客相信产品，并最终鼓励顾客购买。产品推广可以采取多种形式，包括广告活动、社交媒体营销、电子邮件营销、产品赠品以及名人或有影响力人士的代言。目标是围绕产品制造话题，使目标受众产生购买兴趣。

在信息极度繁杂的时代，好产品也需要借助一定的外力来取得商业成功。在天文公司气囊书包的后期推广中，我们巧妙地结合了专业实验数据和知名导师的声誉，为产品的功能真实性提供了强有力的支持（图11-1-2）。首先，专业实验数据是推广策略的重要组成部分，这些数据通过科学实验和严格测试获得，可确保产品的功能具有实际有效性和可靠性。这不仅提升了产品的吸引力，还向潜在消费者传达了产品的科学性。我们的目标是通过专业数据激发消费者的信任和兴趣。然后，我们依托知名导师的名人效应，进一步增强了产品的可信度。知名导师不仅拥有广泛的专业知识和经验，还拥有令人尊敬的声誉，可以为产品提供权威支持。知名导师的参与不仅能增加产品的信任度，还能吸引更多人的关注和购买。

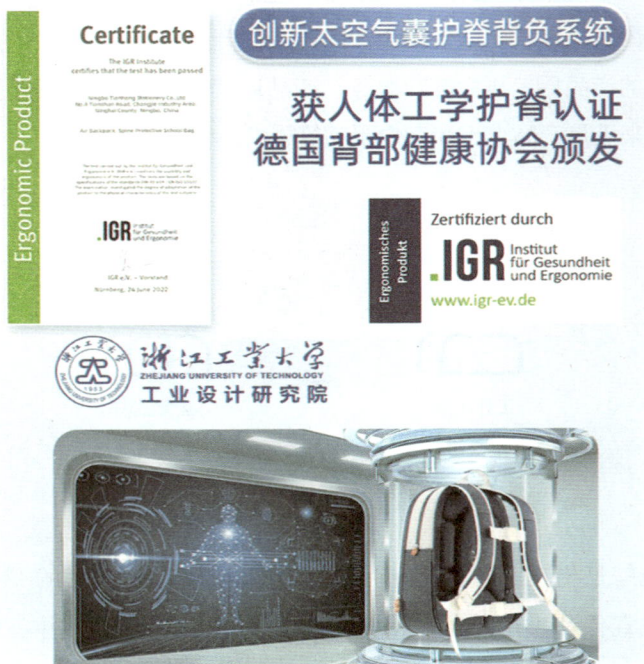

图 11-1-2　天文公司气囊书包推广

总的来说，专业实验数据和知名导师的名人效应为天文公司气囊书包的推广提供了有力的推动力。这不仅使产品更具竞争力，还有助于赢得消费者的信任，从而更好地推广产品，实现市场成功。

在产品推广前，我们需要先知道产品推广是以品牌的核心价值输出为目的的。不同的产品推广渠道适合不同的消费群体，所以在产品推广中，我们需要结合之前用户调研的内容对不同的消费群体制作产品推广方案。

我们需要针对性做推广，明白自己产品特性，针对重点消费人群的消费与生活习惯做出推广方案（图11-1-3）。

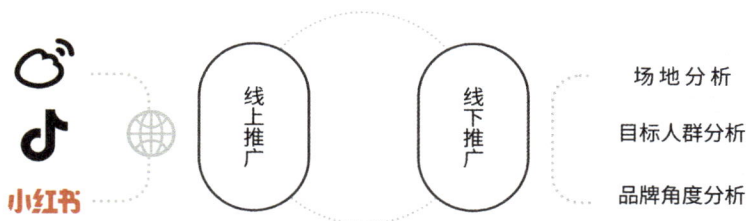

图 11-1-3　产品推广模式

如今的媒体形式越来越多样，在产品推广中，网络、微博、自媒体等线上营销方式都需要考虑，不同的产品推广平台对应着不同的目标用户。例如，微信平台中粉丝多、影响力广的公众号，对于部分上班族而言是最合适的产品推广载体。微信已经成为当代工作人群最为普遍的交流工具，因此选择适合自己产品的相关公众号进行合作，利用推广营销促成销售是一个不错的选择。

在传统线下推广中，我们需要考虑目标用户可能出现的地点，有针对性地做推广。能在市中心的繁华地带进行产品推广的相关物料投放无疑是效率极高的，也彰显了企业自身的实力，但是精准化分析后的推广可以在带来相同效益的同时为企业节省一定的成本。

除了对目标人群和场景进行针对性推广外，对于企业自身而言，做好产品的宣传也是十分有必要的。从产品角度而言，我们需要知道自身产品的亮点，并针对差异化进行集中表现和推广。我们可以对比同类型各个商品，分析列举出自己商品的优势，让顾客一目了然，更容易做出选择。从品牌角度而言，在设计自己品牌时，我们可以通过设计提升品牌形象为企业带来影响力和曝光度。从技术角度而言，我们需要知道产品的核心技术是一个产品的核心竞争力，产品新的技术革新可以帮助我们留住老用户的同时吸引更多的潜在新客户。

11.2　商业品牌设计及推广

宣传和推广是产品设计的两个重要方面，它们有助于创造顾客对产品的认识和兴趣。在设计产品时，重要的是要考虑如何向潜在客户进行营销和推广，包括创建一个品牌标识、开发营销材料以及设计包装和展示来吸引消费者的注意力。有效的宣传和推广可以帮助产品从竞争对手中脱颖而出，使其成为一个令人满意和值得信赖的选择，并在其发布时引起轰动和兴奋。推广可以通过各种渠道实现，如广告、社交媒体、公共关系和活动。投资宣传和推广可以增加产品在市场上成功的机会。

11.2.1　标志设计与标语设计

标志是公司、组织或产品的品牌标识，设计标志时需要考虑以下几个步骤。首先要了解品牌：在开始设计一个标志之前，你要对设计的品牌有一个清晰的了解，需要考虑品牌的价值、个性、目标受众和整体审美。然后选择设计风格：根据品牌的身份和目标受众，选择最能代表品牌的设计风格，可以是极简主义、经典、现代、复古风格或任何其他适合品牌个性的风格。再根据风格选择调色板：选择一个代表品牌和它的价值的调色板。颜色可以传达不同的情感和含义，所以选择与品牌标识一致的颜色很重要。接下来是绘制草图想法：画出粗略的标志。考虑可以代表品牌的不同形状、符号和排版，尝试不同的布局和组合。草图确定后需要继续优化设计。考虑标志在不同尺寸和语境下的外观，需确保设计干净、简单、容易识别。与同事、客户或焦点小组分享设计，以获得对设计的反馈。考虑他们的反馈并对设计做出必要的修改。最后，一旦设计被批准，通过创建不同的文件格式和颜色变化来完成设计，以用于不同的上下文。一个标志是一个强大的品牌标识的组成部分，它应该是简单的、难忘的，能代表品牌的价值和个性。

标志的设计要素如下。

- 要赋予标志深层涵义。

- 注重创意，创意是关键。
- 品牌标志设计要发挥真实作用，对品牌宣传有帮助的同时维护品牌形象。

标语设计的主要目的是打造品牌认知或者打造产品认知，这是为了给自己的品牌或者产品树立一个明确的标签。品牌认知的打造一般会结合产品战略的开发，是一个直接影响后续产品开发方向以及产品风格的决策。

11.2.2　产品宣传页设计

宣传页一般包含标题、正文介绍、标语、标志和公司名称。宣传页标题应具有吸引力，能引导读者阅读广告正文，观看广告插图。产品应在画面最醒目的位置，在画面中占据绝大部分，通过自身的美学特征抓住观者的眼球。标语和标志一般围绕或紧贴产品呈现，能让用户第一眼就能推测出产品的特色并且记住产品品牌。正文部分需要在有限的篇幅内传达充足且真实的信息让用户信服。在设计时，标志一般都安排在图画的左、右或上、下方。标语是配合标题、正文加强商品形象的短语。"怀里矫姿器　留在关怀里"的标语与产品名称呼应并且能配合标题、正文加强商品形象，同时也突出了对儿童健康成长关怀的理念（图11-2-1）。

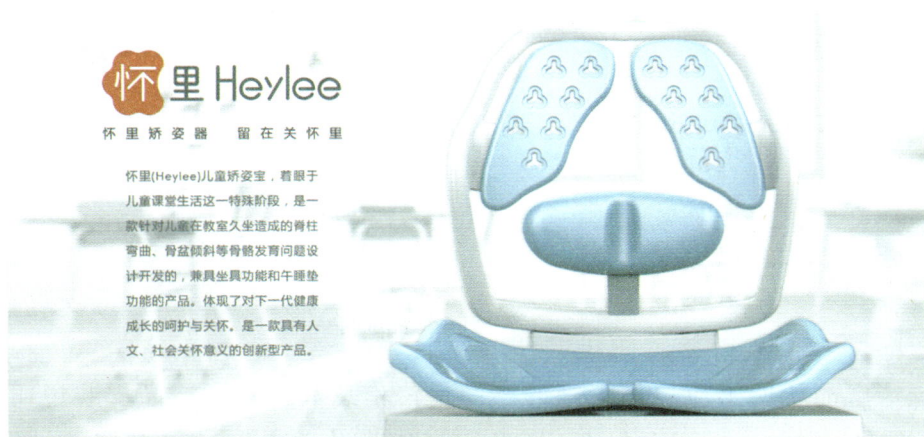

图 11-2-1　宣传页

11.2.3　产品说明书设计

产品说明书需要用引导的方式教会用户使用这些功能，图文或者影像都可以是说明书。如果你的产品是集成产品（软硬件结合），那么还应该介绍硬件产品的使用方法和保修方式。大部分的产品说明书都相当于流程引导，告诉你这款产品能做哪些事、每件事该如何操作。

产品说明书主要就是产品介绍，产品介绍需要结合精美的产品图片，把产品的使用方式、特色、使用注意点等内容清晰地传达给用户。同时，如果产品有装配的需求，还应当把装配流程附上。简而言之，产品说明书需要把产品的各项专业知识甚至工业设计师的思维通过易于理解和记忆的方法传递给用户，让用户可以清晰地明白产品使用方法，培养用户对品牌的信任感。

怀里矫姿器的说明书（图 11-2-2）主要包括产品清单、产品说明、产品使用流程、功能介绍以及使用注意事项和产品的维护保养六大板块，可以清晰明了地让用户了解产品使用和产品理念。简要线框的图示既简洁又明了地"翻译"了我们的产品清单、产品说明和产品使用流程，同时，售后服务也在产品说明书中体现。

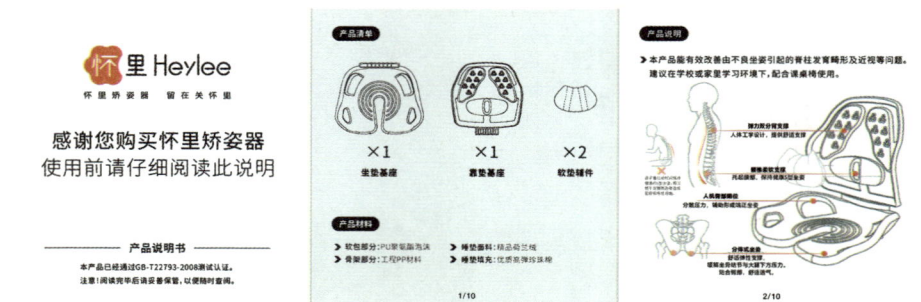

图 11-2-2　怀里产品说明书

产品说明书应包括清晰的产品保修信息和详细的产品安装说明（图 11-2-3）。关于产品保修，说明书应明确保修政策，包括保修期限、覆盖范围以及维修或替换的流程，这样有助于客户了解产品的保修条件，以及在需要维修或替换时应该采取的方法。提供透明的保修信息可以增强客户的信任感，同时减少潜在的争议或疑虑。我们在怀里公司的产品安装说明中提供了详尽的指导，包括步骤、图示以及相关注意事项，确保了产品的正确安装和安全使用。一个清晰的安装说明可以帮助客户避免错误的安装和潜在的问题，提高客户的满意度。同时，说明书还可以降低售后支持的工作负担，因为客户可以更容易地正确安装产品。

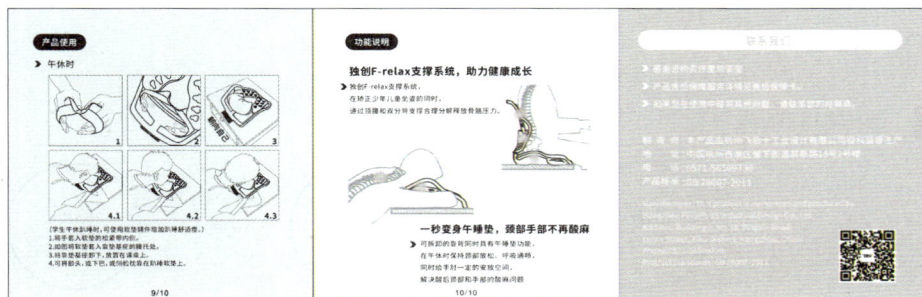

图 11-2-3　怀里产品说明书尾页

产品说明书的末尾应该列出详细的产品信息，如制造商的名称、生产地址以及售后服务联系电话等。这些信息能够为产品的完整性提供最后一层保障，同时也能为用户提供必要的信息，让他们知道如何获取售后服务支持。在产品说明书的尾页提供详细的产品信息是非常重要的，这样不仅增强了产品文档的完整性，还为用户提供了必要的信息，使他们在购买和使用产品时更加自信，有助于建立强大的用户关系，同时提高产品的信任度。

11.3　数字媒体设计与推广

与传统的媒体形式相比，数字媒体具有极大的优越性。传统媒体只能通过单一感官的方式传递信息，而数字媒体则可以将视觉、听觉甚至触觉等高度结合，提升用户在体验宣传内容时的感受。数字媒体通常以视频的传播形式居多，静态图片的转换结合语音的形式也依旧存在。从本质上看，数字媒体是在传统媒体形式上的发展。数字化的形式提升了产品宣传过程的多样性、交互性以及趣味性。然而伴随更加丰富的形式出现的是更强的认知负荷以及宣传成本。不论是从消费者角度还是从企业角度考虑，数字媒体的宣传推广都更需要对产品有更高的理解。把产品的精髓内容充分进行挖掘分析，能让用户在尽可能短的时间内了解产品特色。

在产品设计中，与数字媒体关系最为密切的就是产品的宣传视频，制作产品的宣传视频步骤可以分为策划、写脚本、分镜拍摄、剪辑合成等（图 11-3-1）。

宣传视频制作

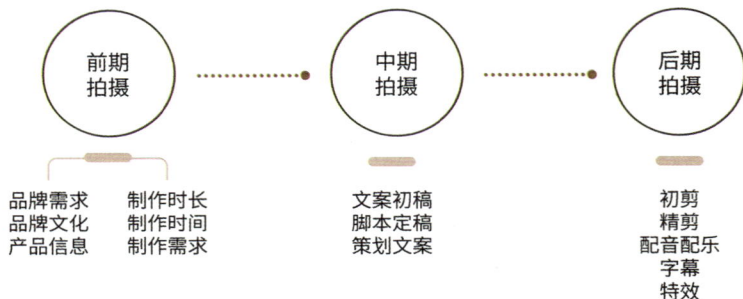

图 11-3-1　宣传视频制作流程

11.3.1　前期拍摄

我们主要会针对企业或者企业的某个具体产品进行宣传片的制作。产品的宣传虽然是其中的重点，但是在介绍产品时，也会适当融入一些企业的相关信息来向消费者传达企业文化，或者是对企业的生产方面进行简短介绍来突出产品的特殊工艺等。这些内容都是根据需求来选择的。因此，我们在前期需要根据企业需求（如品牌文化、产品特色等）对视频进行初期的规划，撰写脚本初稿，确定大致时长，并且对企业和产品的相关内容进行初步的取材拍摄。

11.3.2　中期拍摄

中期拍摄是指分析前期拍摄产出的相关材料和规划后，针对主要内容进行的着重拍摄。例如，产品的使用方式是视频的重点，则需要请相关的专业演员在合适的场地进行拍摄，呈现出产品的特色。除此之外，还可针对前期拍摄时没有规划或是拍摄条件不足的内容进行补拍。

11.3.3　后期制作

后期工作需根据产品风格和宣传片的拍摄素材进行相关处理，包括初剪、精剪、配音配乐、字幕、特效、包装等。

产品本身可以从多个方面展开宣传，以下是几个常见的方面。

- 产品特性和功能：让消费者更好地了解产品的实用性和优势。
- 产品品质和性能：让消费者知道购买该产品可以获得高品质的体验和性能。
- 产品设计和外观：让消费者认识到该产品的美感和时尚性。
- 产品用途和适用场景：让消费者了解该产品可以满足哪些需求和场景。
- 用户体验和口碑：让消费者知道购买该产品可以获得良好的使用感受和口碑认可。
- 产品创新和独特性：让消费者了解该产品的独特卖点和差异化优势。
- 产品成本和价格：让消费者知道购买该产品的价值和合理性。

以上方面都可以从不同角度切入，帮助消费者更好地了解产品本身，促进销售和品牌传播。

我们在怀里公司矫姿器的产品宣传视频中，以现有痛点为出发点，引出产品的主要功能点和材质工艺（图 11-3-2），在介绍矫姿器使用模式的同时介绍该模式下的设计点。怀里矫姿器主要分为写作阅读姿势、正坐模式和午睡休息模式。用三分钟的宣传视频理清产品的设计背景、解决痛点、产品创新点，让用户用最短的时间全面清晰地了解产品。同时，宣传视频清楚介绍了产品的性能与用途，视频讲解提升了用户体验和口碑。

图 11-3-2　怀里公司矫姿器视频介绍

11.4　信息化时代"新渠道"

信息化时代，信息的传播和更替非常快，各行业间的竞争十分激烈，供给远远大于需求，用户对于产品的挑剔程度日益增高。在此背景下，服务设计开始走向前端，并越来越受到用户的关注。所以在产品设计中，我们需要将关乎用户体验的服务设计理念融入产品推广的战略当中。

如本书第4章所述，我们要在知己知彼的基础上，寻找还没有被发现的市场缺口，或者从用户需求的角度发掘新的创新机会，这点在产品推广当中同样适用。我们需要提炼用户最关注的产品信息，通过产品推广加强用户的感知。所以在怀里公司矫姿器的销售渠道模式中，我们着重于体验式宣传，围绕用户的场所进行挖掘，选择最适合我们自己产品的渠道模式（图 11-4-1）。在对一般产品（服务）的消费研究中，消费者对其他消费者的产品使用体验有着特别的兴趣。体验的无形性导致体验消费的风险增加，用户往往希望可以借由他人的经验来规避自身的风险。同时，用户可以从他人的消费体验当中，一定程度上对自己的体验进行评估。因此我们可通过线上微商城的方式，为消费者提供一个购买比较的平台，也可以分享自己的使用体验。同时，为了让我们的产品可以最快地触达我们的用户，给用户最直观的使用体验，我们选择了与代理商合作，走进用户的生活区域，贴近用户生活，并进行线下营销（图 11-4-2）。

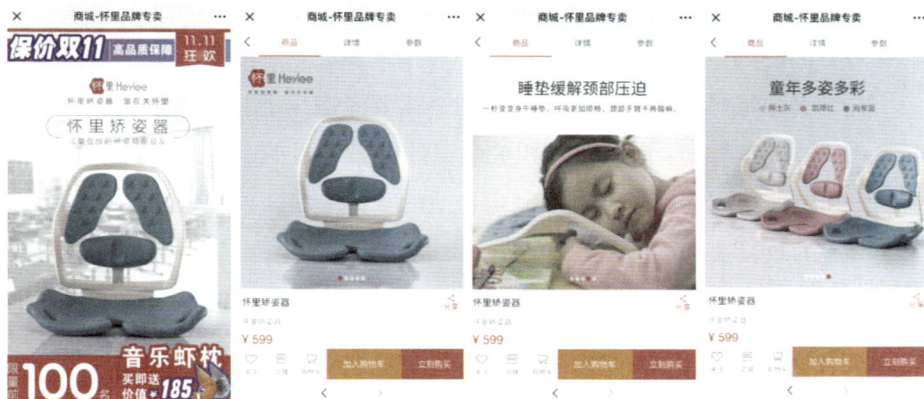

图 11-4-1　怀里公司销售平台

图 11-4-2　产品销售渠道

线下营销是一种针对目标市场或小众群体的营销方式，与线上营销相对应。线下营销主要通过非媒体广告手段实现与消费者之间的个性化沟通和互动，力求建立"一对一互动"的营销关系。我们在怀里公司矫姿器的销售渠道模式制定中选择企业与经销商合作，通过城市独家代理商销售、企业与代理商签订代理协议，将区域市场的营销工作独家授权给该代理商，并签订代理商的销售任务，最后企业供货给代理商，代理商进行当地的销售推广。在与代理商的合作中，我们考虑、制定了两种推广方案。

- 进终端：与儿童家具终端（儿童家具专卖店）合作，与学习桌终端（综合商城学习桌经销商）合作，与儿童玩具终端（综合商城的二级经销商）合作。
- 进学校、进社区：在校园推广（校外辅导班）；周末或节假日，针对社区进行推广传播；赞助校园运动会、联欢会等活动进行推广。

除了宣传产品自身外，还需要学会"借势"。每个行业的进步和发展都有着多方面的因素，国家政策正是其中非常重要的一个因素。

在结合政策导向更好地宣传产品时，需要考虑以下几点。

- 了解政策导向：深入了解相关政策的背景和目的以及政策对产品宣传和市场推广的影响有助于制定合适的宣传策略，确保宣传活动符合相关的政策要求。
- 明确目标群体：根据政策导向，明确产品的目标群体。例如，政策导向鼓励环保，那么针对环保意识较高的消费者群体，强调产品的环保特点可以更好地宣传产品。
- 选择合适的宣传渠道：了解目标群体的习惯和行为，选择合适的宣传渠道。例如，年轻人更喜欢使用社交媒体，那么在社交媒体上发布相关宣传内容可以更好地吸引他们的注意力。
- 突出产品特点：针对政策导向，可以突出产品的特点和优势。例如，政策导向鼓励健康生活，那么针对健康产品可以强调其对身体的益处。
- 创新宣传方式：可以探索一些创新的宣传方式，以吸引消费者的注意力。例如，可以与相关社区或机构合作，举办一些环保或健康主题活动，以宣传产品。

总之，结合政策导向更好地宣传产品需要深入了解政策背景和目的，明确目标群体，选择合适的宣传渠道和创新宣传方式，同时还要突出本产品的特点和优势。

11.5　本章重点知识提取

- 产品推广是指向潜在客户宣传和推广特定产品或服务的过程，并在该过程中宣传产品特色和企业文化，培养用户认同。
- 宣发设计有助于创造对产品的认识和兴趣，最终增加公司的销售和收入。宣发设计包括标志设计、标语设计、宣传页设计、产品说明书设计、数字媒体设计等。

- 互联网时代下的服务与设计是从用户需求出发，运用创新的思维、以人为本的方针、与用户交互的方式来确定服务的方式和内容。
- 线上营销、线下营销、结合政策宣传都是让产品触达用户的重要手段。其中，结合政策导向宣传产品时需要考虑政策导向、目标群体、合适的渠道、产品特点和宣传方式。

第12章　知识产权

12.1　工业设计师的"权利与义务"

知识产权一词是指受法律保护的与新产品相关的构想、概念、名称、设计和工艺等。知识产权是企业的资产之一。

知识产权是对人类创造性活动的一种尊重与保护，强调了主体（创新）创始人对该知识领域的权威性，同时保护了其合法的特权，并且将其他竞争对手或后来的跟随者挡在了保护圈外。知识产权可以在一定程度上保护原作者在该知识领域上的一些利益，包括商业利益与名誉。

知识产权是一种资产，也是一种商品，具有商品的一切属性。相应地，知识产权存在所有权的问题，该所有权可以买卖、赠予或转让。知识产权受到法律的保护，但法律具有地域差异性，所以知识产权在不同国家或地区受到的保护形式不尽相同。

知识产权对企业极其重要，不仅是因为知识产权具有商业特性，更重要的是，知识产权使企业的相关创新受到了充分的法律保护，并能获得其他一些便利，如专利权和商标权。

专利是专利权的简称，是国家按专利法授予申请人在一定时间内对其发明创造成果所享有的独占、使用和处分的权利。专利是一种财产，是运用法律保护手段来独占现有市场、抢占潜在市场的有力武器。

专利的三小类（发明、实用新型和外观设计）分别对应不同的发明创造，其中发明的复杂程度最高。

发明专利。发明通常是全新的创新或创造，其产物往往是人类生活中尚不存在的。常见的发明包括全新类型的产品（如新工具、新设备和新系统等）、新合成物（如新有机材料和新配方等）、新方法（如新加工工艺、新检测方案和新解决方案等）。

实用新型专利。实用新型是指利用现有技术或产品，拓展其应用以获得全新用途的形式。实用新型往往不涉及工作原理上的创新，重点在于如何采用新的应用形式。常见的实用新型包括产品内部架构设计的创新、家用电器使用方式的创新、显示器显示方式的创新、水龙头出水方式的变化等。实用新型与发明的边界有时很模糊，需要专业人员辨别。

外观设计专利。外观设计不涉及内部机理和构造，主要针对有形产品的外观设计或软件系统的界面设计。这个专利类别与工业设计的关系紧密，主要保护外观设计上的各种灵感和创意。从某些层面上，保护外观设计与保护版权的目的类似。

专利权是知识产权的重要组成部分。我国的专利分为发明专利、实用新型专利和外观设计专利。

12.2　专利检索

专利检索是指通过使用各种检索工具和方法，对专利文献进行系统查询、分析和评价的过程。专利文献是指由各国或地区的专利机构公布或授权的关于发明创造的技术信息，包括专利申请、公告、授权、审查等内容。

专利检索的目的主要有以下几种。

- 了解技术领域的发展动态和趋势，发现技术创新点和空白点，为科研和创新提供参考。
- 防止重复发明，避免侵犯他人专利权，为申请或保护自己的专利提供依据。
- 分析竞争对手或合作伙伴的技术实力和战略方向，为市场竞争或合作提供信息支持。
- 挖掘潜在的技术转移或许可机会，为技术交流或商业化提供渠道。

专利检索的方法主要有以下几种。

- 按照关键词进行检索：通过输入与所需信息相关的词语或短语，在标题、摘要、权利要求等字段中进行匹配查询。
- 按照分类号进行检索：通过输入与所需信息相关的分类号，在国际专利分类表（IPC）或合作专利分类表（CPC）等标准中进行匹配查询。

- 按照申请人或发明人进行检索：通过输入与所需信息相关的申请人或发明人姓名，在申请人或发明人字段中进行匹配查询。

- 按照申请号或公开号进行检索：通过输入与所需信息相关的申请号或公开号，在申请号或公开号字段中进行匹配查询。

已公开的专利可以在专利检索网站进行查询。

- PATENTSCOPE：这是世界知识产权组织（WIPO）提供的一个国际和国家专利汇编检索平台（图 12-2-1），这里可以检索到 1.09 亿个专利文件，其中包含 4.5 亿已公布的国际专利申请（PCT）。

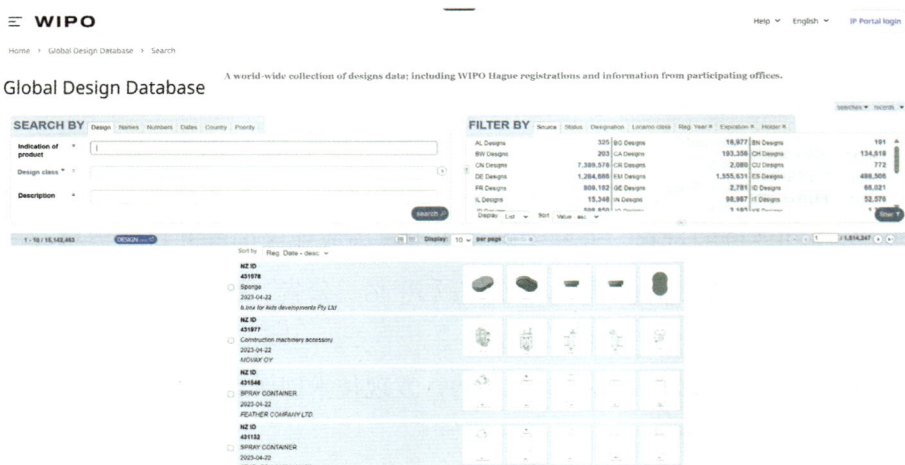

图 12-2-1　WIPO 世界知识产权组织（https://www3.wipo.int/designdb/en/index.jsp）

- 国家知识产权局专利查询：这是由国家知识产权局提供的一个查询服务平台，你可以在这里查询到中国及其他国家和地区的专利审查信息，包括审查意见、答复意见、补正通知等（图 12-2-2）。

图 12-2-2 国家知识产权局专利检索（https://www.cnipa.gov.cn）

• 除了政府公开的专利查询服务之外，还有一些第三方专利查询网站，如SOOPat专利搜索（图 12-2-3）、中国知网、万方数据、谷歌等也都有专利检索服务。

图 12-2-3 soopat（http://www.soopat.com）

12.3 专利内容撰写

• 专利流程：撰写申请书并提交——受理——审查、修改、回复（通常要多次审查，分一审、二审……）——授权。

- 专利申请周期：从"撰写申请书并提交"到"受理"大概需要 2~3 个月，从"受理"到"授权"大概需要 2 年。
- 专利申请书组成：专利申请文件一般包括申报信息页、说明书摘要、摘要附图、权利要求书、说明书和说明书附图等部分。

权利要求书是专利内容中最重要的部分，是定义不同类型专利的依据，它决定了专利保护的范围和强度。权利要求书应该清晰、准确地描述本发明的技术特征，避免使用模糊或不确定的词语。

说明书应该对创新性技术提供清楚、完整的说明，当本领域人员想要重复本创新性技术时，能够按照说明书公开的内容重复出来，达到说明书里声称的优异技术效果。

说明书附图应当能清晰、恰当地展示本发明的外观、结构、流程等。图片应该与文字描述相符合，避免缩略图或过于复杂的图形（图 12-3-1）。

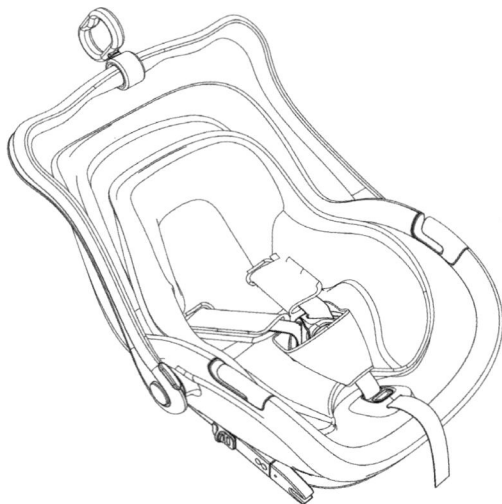

图 12-3-1　产品说明书附图

撰写专利时，还应该注意以下几点：选择合适的专利类型（发明专利、实用新型专利或外观设计专利）；参考已有的同类或相似专利文献，分析它们的优缺点和差异；突出本发明解决了什么技术问题，具有什么创造性和优越性。授予专利权的发明和实用新型，应当具备新颖性、创造性和实用性。

专利申请的新颖性判断需要满足以下条件。

- 在专利申请提交前，该发明创造没有在国内外任何出版物上公开发表，包括书籍、报刊、录音带、录像带等。
- 在专利申请提交前，该发明创造没有在国内以任何方式公开使用过，也未以商品形式销售，未通过技术交流等途径传播或应用，并且没有通过电视和广播等媒介为公众所知。
- 在专利申请提交前，没有他人向国家知识产权局提出过关于同样发明创造的专利申请，并且该专利申请是在申请日之后公布的。

根据《中华人民共和国专利法》，创造性的要求有以下两个条件。

- 与申请日之前的现有技术相比，具有突出的实质性特点。
- 与申请日之前的现有技术相比，具有显著的技术进步。

实用性是指该发明或者实用新型能够被实际地制造或使用，并且可以带来正面效应。实用性的判定不要求发明或实用新型已经投入生产实践，而是判断发明或实用新型可以在实际应用中实现。所以，专利是可以超前写的，在技术成熟前就可以开始动笔写方案。

除此之外，专利申请书应遵循规定的格式和限定性语句，尽量采用开放式撰写方式。专利重视技术步骤、流程和细节，不需要结果验证。专利申请流程中需要提供技术交底书，以便更好地表达自己的意图。技术交底书是新申请前需要重点提供的，专利申请文件撰写有特定的要求，包括的文件有说明书摘要、说明书和说明书附图。新申请的专利往往需要提供技术交底书，以便更好地表达自己的意图，方便撰写人员理解和准备撰写资料。

12.4 本章重点知识提取

- 知识产权是一种资产，也是一种商品，具有商品的一切属性。与产品设计和开发相关的知识产权有专利、商标、商业秘密、版权等。

- 专利检索是通过使用各种检索工具和方法，对专利文献进行系统查询、分析和评价的过程。其内容包括专利申请、公告、授权、审查等。专利检索的目的是了解技术领域的发展动态和趋势、防止重复发明、避免侵犯他人专利权、分析竞争对手或合作伙伴的技术实力和战略方向、挖掘潜在的技术转移或许可机会等。专利检索的主要方法为按照关键词、分类号、申请人或发明人、申请号或公开号等进行检索。

- 专利撰写及注意事项包括专利申请流程、专利申请周期、专利申请书组成等。

- 为了有效使用专利保护创新，工业设计师应该遵循的一般步骤为提交专利申请、与合格的专利律师或代理人合作、保密并在发现被侵权后及时采取相应措施进行止损等。

第13章　未来已至——人工智能辅助产品开发设计

13.1　人工智能的介入

人工智能辅助设计是指利用机器学习、深度学习等人工智能技术，辅助工业设计师进行产品设计，提高设计效率和设计品质。设计领域中的人工智能技术应用研究已较为充分和深入，如新产品开发设计方案的生成、评估与优化就是典型的应用研究场景。然而，真正使现有产品开发设计流程产生突破性创新的还是在ChatGPT、Midjourney等功能强大、准入门槛较低的大模型面向公众开放之后。如今，在产品开发设计流程的多个环节中，各类集成人工智能辅助设计的平台工具，如Figma支持的一众AI插件、Adobe Photoshop中集成的Firefly等为开发设计提供了快速迭代、更新的环境。如何在迈向未来且充满变数的当下把握先机，以正确的姿态与认知结合新技术、新工具的使用，亟须考量。

人工智能带来的突破主要表现在两个方面：从细小的设计环节上而言，阶段性的人工智能技术上的突破可以给单个环节的工作效率带来进一步的提升；从整体的设计流程而言，一个突破性的人工智能发展甚至可能改变整个设计的工作流程。本章根据人工智能辅助设计在产品开发设计流程中的应用，分别从数据的分析识别、方案创意的生成的角度对人工智能辅助设计的应用进行介绍。

13.2　筹备期——分析识别小能手

人工智能可以用于自动化样本筛选、自动标注、文本分析和图像识别等。在产品开发设计流程的筹备期，工业设计师需要针对产品、市场、技术或政策等进行研究，并制定产品的战略与设计定位，后续还需要面向用户进行一系列深入的调研。各环节得益于当下互联网、大数据技术的快速发展。各类产品能够产生大量有价值的数据，这些数据包含大量的设计知识，为提高生产效率和产品竞争力带来了新的机遇。针对收集的大量数据进行分析识别甚至决策需要人工智能技术的辅助，在当前的设计流程中，文本数据、图像数据的分析识别对设计的推进起到了重要的作用。

13.2.1　文本数据识别

文本数据大多来自对用户群体主观感受的调研，包含面向用户偏传统的访谈方式，也包含相对与时俱进的对存在于各大社媒或购物平台用户反馈数据分析的使用方式。传统的访谈方式（如深度访谈）往往需要两到三人形成一个小组，前往用户所在地对用户进行深入的了解和访谈。这对访谈者的经验技巧还有访谈提纲的有效性都有着极高的要求。三人的分工中，一人作为主访者，一人作为记录者，另外一人为机动位置，可以及时进行问题的补充以及相关访谈素材的拍摄。因此，对一个目标用户进行深度访谈所花费的人力、物力以及时间代价较大。访谈完成后，还需要对资料进行重新整理，提取有效信息。在过去，大语言模型尚未大范围面向公众开放，人工智能技术的应用大多集中在使用自然语言处理（NLP）提取文本数据中的产品属性或情感特征，且时常涉及递归神经网络（RNN）或支持向量机等机器学习方法。而ChatGPT、文心一言、通义千问等大语言模型的推出简化了对传统或与时俱进的文本数据的分析使用。如阿里云在基于自身开发的大语言模型的基础上开发的应用"通义听悟"在一定程度上优化了访谈过程。在访谈的场景下，访谈者可以直接通过录音的方式实现实时的语音转写，生成相应的记录。在后续的访谈资料整理环节，该软件内部的语音识别功能可以将发言者和发言内容进行区分，整理成文字内容，极大地节约了深度访谈后续的资料整理时间。

过去，收集数据类型、来源渠道等都需要依托设计团队，即先筛选出可以准确分析用户行为和需求的数据类型，再使用人工智能算法对这些数据进行搜集和分析。这些数据的选取对工业设计师本人的经验、相关行业的从业经历等有着较高的需求。因此，在对这些数据进行选取之前，我们会更多地选择通过专家用户以及相关从业人员的专家用户访谈来对该行业和相关产品进行最基本的了解，以便后续问卷的制作以及具体数据需求的确定。在大语言模型快速覆盖发展后，大语言模型已经成为大部分新手工业设计师或对相关行业并没有从业经历的人员了解行业以及产品基本情况的一个全新的方式。大语言模型除了综合网络上大部分的信息以外，还会根据相关信息进行综合推断，给出自己的建议，这些建议大多是根据现有的资料进行总结和分析以后得出的。同时，我们也可以根据所知晓的相关知识与其不断地进行对话和推敲，最终得出一些我们需要的关键信息。这是在大语言模型发展的环境下，工业设计师运用人工智能技术分析来自消费者搜索行为、社交媒体文本数据的一种常见情况。

大语言模型可以极大程度地帮助我们分析与识别传统或与时俱进的文本数据，但这并不意味着其可以完全替代人们在产品开发设计筹备期所要做的工作。大语言模型仍然在算法的鲁棒性、数据隐私以及输出可控性等层面存在相当大的提升空间。例如，目前主流的大语言模型可以根据具体的调研需求，结合过往的一些问卷，提出一个结构相对严谨、问题相对全面的问卷。但是在问卷生成到能够投入使用的过程中，工业设计师需要和大语言模型进行不断的沟通与修正。

13.2.2　图像数据识别

图像数据作为产品颜色、纹理与工艺更直观的载体，有助于激发工业设计师更有效地提出新的想法与前期设计方案。图像数据在筹备期更倾向于执行分析识别产品特征并分类，追踪前沿趋势或识别用户偏好等功能，并为下一阶段创意期的图像生成作铺垫。构建产品的风格库、创意池是一类常见的应用场景。这是由于产品开发设计的对象通常具备较显著的独特性与明确的设计定位，现有的模型甚至大模型都未必能较准确地满足工业设计师对输出生成方案的基本需求，此时便需要设计团队根据前期构建的产品定义与框架蓝图匹配并输入合适的图像数据以承接并满足后续的设计需求。

本节案例来自车业的一个方案，其中方案的输出流程涉及产品风格库、创意池的构建。该案例采用常规方法（如市场调研、产品定位、样机拆解以及人机实验）为后续设计提供数据输入，根据上述方法可提取功能研究要素（图 13-2-1）、结构研究要素以及人机研究要素（图 13-2-2），再输入与产品属性、结构相关的图像数据，结合人工智能技术完善产品定义、框架蓝图以及风格库和创意池的构建。

软 尾 避 震 （ 短 行 程 ）　　　电 动 助 力 系 统　　　载 物 扩 展 模 块

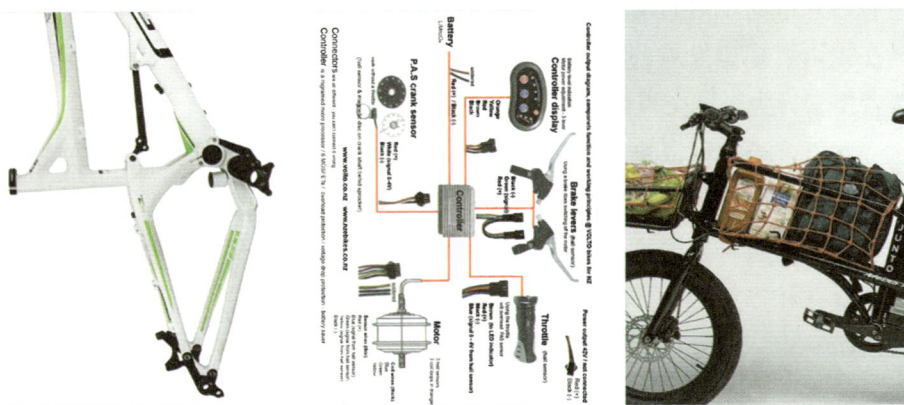

图 13-2-1　功能研究要素

高操控低速度　　　　**中操控中速度**　　　　**低操控高速度**

图 13-2-2　人机研究要素

方案筹备期需依据产品操控性与速度属性提出与人机研究相关的要素，依据现有产品避震、电动助力与载物扩展功能与结构提出与功能研究相关的要素，并在上述图像数据输入的基础上完善产品的风格库与创意池，生成超过 1000 件的精准风格提示板（图 13-2-3）。

图 13-2-3　超过 1000 件精准风格提示板（局部）

案例中生成的精准风格提示板可以明确观察到风格提示板在产品属性（如功能结构、外观风格）上呈现出的趋同性。具备一定生成式人工智能（Artificial Intelligence Generated Content, AIGC）使用经验的工业设计师或用户最明显的使用感受是 AIGC 的可控性与一致性，而案例中批量方案生成凭借着对筹备期输入图像数据的分析识别，相对好地克服了这一通病。在筹备期针对图像数据执行分析识别功能有助于产品在人机、功能、结构等层面的提取总结，且对创意期使用人工智能生成方案的可控性与精准性具有相当的积极作用。

13.3　创意期——设计创意生成师

生成式人工智能是指利用人工智能技术来生成内容的新型内容生产方式。

作为本节的核心对象，AIGC的概念相较于人工智能辅助设计（AI-Assisted Design)要更为热门且为人熟知，因为它提供了新型内容的生产方式，为各行各业的工作流带来了影响甚至是颠覆式的变革。产品开发设计自然也不例外，AIGC主要在创意期发挥作用。工业设计师可以在筹备期根据产品定位或用户需求，运用人工智能技术完成分析识别的工作，也可以利用已发布的大模型自身拥有的强大基础迈入创意期。AIGC可在产品创意阶段助力概念设计或草图绘制。人工智能在筹备期的应用以及大模型发布前预训练的数据有相当部分都是在为AIGC的发展做铺垫。同样，我们可以根据输出生成内容的形式将AIGC在产品开发设计创意期的应用分为文本产出和图像产出。

13.3.1　文本产出

文本产出在产品开发设计中可以为特定的任务提供可能的解决方案，也可以为后续的图像产出提供更加准确、直接的优化。相信大部分人对2022年底发布的ChatGPT仍记忆犹新，用户在为其强大的功能感叹的同时，有关ChatGPT的学术争议、伦理争议也层出不穷。随后，包括ChatGPT在内的大语言模型的应用愈发广泛，这提醒着各行业的从业者不仅需要利用人工智能技术产出文本以辅助工作流程，更需要高效、准确地让其为工作提供支持。

在产品创意过程中，你可能想要通过ChatGPT了解一下产品所处行业的相关信息，ChatGPT会给出一段相关的内容描述。但是你提出问题的出发点还是围绕着自己本身的知识储备进行发散，ChatGPT也是基于你的提问给出相应的回答。在一些专业领域，ChatGPT给出文不对题的文本情况也有存在。

此时我们就需要了解提示词工程，以便更高效、更准确地应用人工智能。提示词工程主要研究提示词的开发和优化，提升大语言模型处理复杂任务的能力。提示词可以更精准地被应用于不同的研究领域。介绍三种简单的提示词工程技术有零样本提示、少样本提示和链式思考提示。

13.3.2　图像产出

生成式人工智能在图像产出领域的进步填补了实物产品在创意期可视

化表达的短板，也是对产品开发设计流程冲击最大的要素之一。对于实物产品而言，传统流程通常需要历经多次手绘草图迭代，且多使用铅笔、钢笔或马克笔等对产品进行大致的效果呈现。手绘的技法与笔类工具的使用导致草图效果呈现偏风格化与粗略性，这对于产品外观效果的表达而言并不是一件好事。不确定的线条与不均匀的色彩都可能导致其他成员或用户在观看可视化表达时将注意力放在不利于产品表达的要素上，造成额外的认知负荷。此外，良好的产品手绘表达需要工业设计师投入长期的训练，要在较高水平的基础上画出效果较好的手绘草图，也需要设计师多次迭代绘制。相比较而言，生成式人工智能图像产出内容除可控层面外，在时间层面、数量层面以及效果表现层面都有优势，这也是其能够较大程度改变产品开发设计中的产品可视化流程，却不能完全将其取代的原因。

随着生成式对抗网络（Generative Adversarial Network，GAN）和扩散模型（Diffusion Model）等生成式模型的提出，人工智能技术在图像处理领域得到了快速发展。2022 年，Midjourney 开展的公开测试是一个重要转折点，得益于其优异的生成质量与视觉效果，Midjourney 已经在各行业的工作流中被广泛应用。在产品开发设计领域，我们以 Midjourney 为例介绍人工智能技术在创意期的产品可视化的相关应用。

案例来自天文公司儿童一体式学习桌设计。其产品定位来自市面上现有的一体式学习桌，即外观款式单一、人机工学水平较低、成本低且占地面积小。创意期应用 AIGC 辅助产品可视化，得出的关键结论如下。

- 根据《天猫美家儿童学习桌行业趋势研究》，幼儿和小学生使用者增速均十分显著，儿童学习桌使用者的年龄边界在拓展。
- 儿童的兴趣表现为"儿童自发的、自我激励的游戏、讨论、探究和调查"，这些游戏源于他们的社会和文化经验。
- 家长作为消费群体的出发点，集中在学习习惯养成与姿势调整，但在现有学习桌产品使用过程中，往往需要家长投入大量精力督促儿童学习，督促失败则闲置学习桌。

设计者根据上述结论进行综合考量，最终决定将设计重心集中在"实现低龄儿童自然的学习习惯养成"，实现方法是对低龄儿童的深入行为进行调研与进行文献调研。调研分为两个步骤与四个关键因素：第一步需要令儿童产生兴趣，对应产品故事性、可互动性；第二步使小孩持续产生兴趣并促进其习惯养成，对应产品的创造性与无规定范式。随后再参考国外流行的儿童空间形式以及相关文献，得出半封闭空间利于儿童安全感、氛围感的营造。

（1）常规技巧

常规提示词使用：筹备期的工作已经有足够的关键词支撑我们使用Midjourney对产品进行早期的可视化，接下来将使用常规的提示词写法。与ChatGPT提示词工程的写法不同，Midjourney在配置完频道环境后输入"/imagine"命令弹出Prompt的输入框，然后使用普通的英语提示词表达加所需参数命令即可获得生成图像输出。对于产品可视化表达，明确产品的基本性质或类别就可以开始描述，如"A car""A chair""A smartphone"。根据产品前期的关键词及设计重心，"一体式学习桌"作为主体，由于没有官方的准确翻译，最开始使用的提示词为"A children study table connected its chair"。可以观察到生成的四张图片除右下角这张外全部处于桌椅分离的状态，不符合设计需求，因此需要对提示词做进一步优化（图13-3-1）。

图13-3-1　提示词"A children study table connected its chair"

　　常规提示词优化：以任何产品为对象进行可视化的第一要义必须是人工智能可以准确识别产品品类（图13-3-2）。为强调一体式学习桌的桌椅相连，后续对提示词优化做出多种尝试，如"A set of table and chair which is designed for kids""A combination of chair and table for kids to study"等，以追求英语表达的准确性，当然这一步也可以使用ChatGPT等大语言模型辅助。

图13-3-2　提示词优化过程的尝试

　　主体提示词固定进阶：尝试优化时可能出现部分符合设计需求的方案，因此可以根据生成的方案提取其特征并进一步优化提示词。本案例在尝试中就发现，以"cart"（手推车），"vehicle"（载具）作为描述主体时效果更好，如"A small cart with a table and chair inside"，既兼顾一体式学习桌的可移动性，又符合筹备期预设的产品形式。对产品对象的描述基本准确稳定之后，可以附加一些其他产品属性的关键词，可能的方向有设计风格或用户群体以及功能，如"with bright color""designed in simple style""designed for children"等。最终根据产品可视化效果选择部分方案进行进一步具体设计（图13-3-3）。

图 13-3-3　最终较为符合产品设计需求的图像输出

从常规提示词的使用到优化，再到主体固定后的进阶，均遵循使用 AIGC进行产品可视化的基本推导逻辑，并未涉及其他进阶用法。进阶且适合产品可视化的用法和技巧包括其他参数与提示词写法。

（2）进阶技巧

参数介绍：Midjourney的参数使用在提示词结束后用一个空格隔开，多个参数之间也使用一个空格分隔。以下是几种可能在产品开发设计中使用的常见参数。

- --v+空格+版本号：Midjourney模型版本的选择。使用时通常会选择默认的最新模型，有特殊需求或因某种原因导致默认并非最新模型的可以选择更换。

- --c+空格+数值：Midjourney使用四宫格完成生成图像的输出。该参数可以控制四张图像的风格表达差异，数值越大，差异越大，如 --c 0; --c 1000。

- --ar+空格+画幅长宽比：Midjourney 默认生成的图像为正方形，且长宽比为 1∶1。更改参数可以特定图像输出的长宽比，将其变为横构图或竖构图，如--ar 4∶3; --ar 16∶9。

- --r+空格+次数：每次使用相同的提示词重新生成操作麻烦。该参数可以按用户需要的次数重复执行相同的提示词，如--r 10。

- --iw+空格+数值：这是为其他提示词写法——图片输入作为提示词

相对于文本提示词所占的权重，如 --iw 0.5（具体版本范围有差异，可以根据 Midjourney 输出推测）。

其他提示词写法：Midjourney 支持图像输入作为提示词，或者多图像输入的混合，文本提示词的写法也不止常规技巧介绍的一种。

- 图像提示词（Image Prompt）：Midjourney 结合图像提示词与文本提示词的一种用法。由于 Midjourney 仅支持图像的网页链接，此处可以使用 Postimages（https://postimages.org/）对本地图片进行转换。将转换得到的网址粘贴至 Midjourney 机器人的命令"/Imagine prompt"之后，再附加文本提示词即可。可以配合 iw 参数使用。

- 图像融合（Blend）：此用法不再使用常规命令"/Imagine"，而是使用"/Blend"。此用法无须文本提示词，适用于工业设计师拥有多张产品图且想要尝试功能或外观融合的场景。Blend 命令可以上传 2~5 张图片，能将不同的产品或不同元素融合在一张新图片中。

- 其他文本提示词写法：产品的可视化过程中涉及的其他文本提示词写法主要有分类提示词法（Category Prompting）与问句提示词法（Interrogative Prompting）。分类提示词法适合与 ChatGPT 协同使用，ChatGPT 格式输出的统一适合自动化使用；问句提示词法则为那些尚未形成基本想法的工业设计师提供了一条新路，以上述一体式儿童学习桌为例，用问句提示法提示词应为"What would a chair with a table look like"或者"How the combination of a table and chair attract children"。虽然不一定每次都能取得突破性进展，但也存在相当大的概率令设计者眼前一亮。

文本提示词的写法或图像的融合，并非一定要遵循某种特定的范式，在生成式人工智能应用的初期，可根据探索经验总结归纳出可能提升其使用效率、准确性与可控性的方法。能介绍教学的篇幅终究有限，归根结底还是要求从事产品开发设计的人员多尝试、多练习使用才能总结出最适合自己的设计流程。

13.4 展望期——综合发展多面手

在大模型快速成熟的当下，人工智能对于设计的辅助作用主要集中在文本产出和图像产出。人工智能极大地拉低了设计的门槛，没有设计基础的各类企业或者个人，只要存在一定的发现问题的能力以及美学感知力，也可以从诸多的人工智能生成的方案中挑选出有商业化可能性的产品，然后通过各种外包和协作的方式进行落地生产销售。现有的通用化、低门槛的成熟大模型给设计中重要的设计筹备和设计创意流程和方法带来了极大的颠覆。在未来，人工智能也一定会在多个方向、多个维度上被更加广泛地应用。

13.4.1 设计流程全面深入

人工智能辅助设计的概念并不仅仅局限于成熟的大模型的应用。早在大模型成熟之前，人工智能的诸多网络模型就已经在多项与设计相关的研究当中被应用。未来，人工智能对设计流程的辅助不可能仅局限于文字辅助和图像生成，在各项设计流程中也会不断地深入辅助。

关于人工智能在未来设计流程中的应用和发展，我们可以从当前的部分学术研究中窥见端倪。学术研究中提及较多的一个观点是设计为一门交叉学科，设计从业者所服务的对象会来自不同行业，不同行业中所需的知识体系是完全不一样的。

在针对每一个行业的产品进行设计时，每个环节都需要相关领域的专家或者从业多年的从业者对方案进行评估和把控。因此设计方案的选择和评价是整个设计流程中非常重要的一个环节，也是在当前人工智能可以生成多套方案的大背景下需要去解决和攻克的一大难题。设计方案的选择和评估是基于大量的经验和相关知识，结合用户的实际需求做出推演和判断的一个过程。因此可结合当下人工智能中知识图谱之类的知识管理手段以及用户调研和用户需求的分析方法，利用工程设计模型将知识图谱和用户需求之间进行连接，筛选甚至创造出全新的设计方案。

13.4.2　智能服务多维拓展

未来，产品开发设计需要考虑的对象并不只有产品，还需要考虑与产品相关的一些服务以及商业模式的创新，从系统的角度为企业带去更高的商业利益。人工智能除了作为设计中提供思想和想法的工具之外，还会成为未来整个系统中的一个重要环节。结合当前数字化转型的大趋势以及用户对产品定制化需求的逐渐提高，处理大量用户的不同需求并生成符合用户个人喜好的个性化方案，已经不是一个公司或者一个单独的设计团队可以完成的，这些信息收集和初步的方案生成的工作很有可能由人工智能完成。人工智能设计逐渐脱离了工业设计师专用的工具的范畴，成为企业产品和设计服务的一个部分。

被广泛应用的人工智能大模型也为新的商业模式的出现提供了契机。层出不穷的人工智能图像中出现的各种产品、服饰等，给用户提供了新的选择空间。用户以往只能在现有的产品中进行选择，并诞生出一些模糊的想法和需求，工业设计师需要对用户需求进行挖掘分析后总结出明确的设计方向。但随着人工智能图像生成的广泛应用，网络上一些热度极高的图像可以直接反映出一部分用户群体的需求，甚至是需求的产品。从商业角度而言，需要做的仅仅是对接后续的设计落地内容，只要将人工智能图像中的产品生产出来，就可以对有需求的用户进行销售。这种新的模式对于一些服装或简单产品的设计有着极强的可实施性。人工智能产出的大量创意帮助一部分用户直接跨过了设计阶段，可直接对接生产，达到了商业化目的。

13.5　人工智能辅助设计总结

在人工智能和产品开发设计逐渐接轨和融合的当下，我们也需要以积极的心态去看待。在创意方面，人工智能在创意速度和数量上有着无可匹敌的优势，因此工业设计师应该考虑如何在创意阶段借用人工智能的优势提高自己的创意效率，因为低门槛的工具使用逐渐填平了设计技巧的差距。因此把自身的能力培养逐渐移向学习产品开发其他阶段的知识才是正确的道路，应把学习重心从通过锻炼技能、画出精美的方案转移到通过对产品开发全阶段的掌握选择出好的创意方案，并且要确保方案的落地可行性。

在接受着人工智能辅助设计带来的优势且人工智能与设计形成良好合作关系的同时，我们也需要寻找人工智能的缺陷。例如，在使用提示词工程生成图片时，单单用有限的词汇去描述设计与艺术存在很大的局限性，长此以往，可以生成有效图片或者高质量图片的提示词会逐渐趋同；采用人工智能辅助设计生成图片的工业设计师或其他使用群体，他们的知识体系会存在很大程度上的重叠同化。这些缺陷就导致在未来的某一个时间点，市场上会存在诸多相似产品。原本百花齐放的多种设计风格或艺术风格，在人工智能辅助设计的背景下会逐渐消失。我们需要去思考如何结合工业设计师本人的智慧和相关的技能，在逐渐趋同的设计中寻找具有突破性的设计元素。此时，对于艺术家或者有创造性的工业设计师的需求会重新回归到大众的视野。因此个人的设计特点在智能化时代下依旧需要进行持续不断地探索。

无论是提示词工程还是图像生成设计方案，执行这些人工智能辅助设计的操作前，一定有一个产品开发设计的出发点。这个出发点由工业设计师根据遇见的实际问题和观察到的用户实际需求提出。人工智能并不会自发地去执行某一项设计任务，它无法像实体人一样，在生活当中感知诸多的设计需求点。人工智能暂时能达到的极限在于网络上的数据搜索和总结，因此自然也没有办法像人类一样提出设计过程中的创造性需求。故在整个产品开发过程当中，工业设计师需要发挥自己在现实当中的观察能力和敏锐的嗅觉，发挥自身的主观能动性去发现问题并提出解决问题的想法，在解决问题的过程中，积极寻求人工智能的帮助，最终形成优秀的产品设计成果。

13.6　本章重点知识提取

- 人工智能在辅助调研方面可以运用大数据分析问卷，问卷信息分析、质性调研等自然语言处理技术能帮助工业设计师更好地理解消费者的观点和情感。

- 在人工智能辅助产品创意部分。人工智能在辅助产品设计创意时，可以运用前阶段的数据分析，为企业提供消费者的需求方向，为产品的创意提供开发指导。人工智能也可以通过大量的创意草图来提高产品概念的生产效率。

- 提示词工程可以很好地提升人工智能的文本产出质量。同时我们应该认识到人工智能的局限性，在适当的时候提供相应的提示词，甚至用逻辑思维帮助人工智能形成结构化思考的输出。

- 人工智能辅助产品创意图片生成，拥有大量的关键词输入技巧以及参数调整方法。工业设计师需要根据输入规范进行多次尝试，形成自己的工作流。

- 人工智能在未来的应用绝不会止于文字和图片的生成应用，而会渗入设计的各个流程中，甚至会成为商业模式的一环。

- 人工智能是很好的设计辅助工具。作为工业设计师，不应该只感受人工智能带来的威胁，而应当积极地思考如何有效应用人工智能，提升自己的设计意识。同时，工业设计师还需要保留自己的设计特色和风格，发挥自己的主观能动性，调动人工智能创造出突破性产品。

参考文献

[1] 吴志军, 杨元, 那成爱. 产品开发设计策略与实践[M]. 重庆: 西南大学出版社, 2019.

[2] 霍春晓. 产品开发设计与创新方法[M]. 南京: 江苏凤凰美术出版社, 2018.

[3] Otto K N, Wood K L. 产品设计[M]. 北京: 电子工业出版社, 2011.

[4] Ulrich K T, Eppinger S D. 产品设计与开发[M]. 大连: 东北财经大学出版社, 2008.

[5] 缪宇泓. 产品设计与开发[M]. 北京: 电子工业出版社, 2022.

[6] 袁清珂. 现代设计方法与产品开发[M]. 北京: 电子工业出版社, 2010.

[7] Cohen A. 硬件产品设计与开发[M]. 北京: 人民邮电出版社, 2021.

[8] Hawkins D I, Mothersbaugh D L. 消费者行为学[M]. 北京: 机械工业出版社, 2011.

[9] 代尔夫特理工大学工业设计工程学院. 设计方法与策略[M]. 武汉: 华中科技大学出版社, 2014.

[10] Floyd J, Fowler J R. 调查问卷的设计与评估[M]. 重庆: 重庆大学出版社, 2010.

[11] Norman D A. 设计心理学[M]. 北京: 中信出版社, 2003.

[12] 李茂清. 家用电器功能开发·电路改进[M]. 福州: 福建科学技术出版社, 1997.

[13] Nielsen J. 可用性工程[M]. 北京: 机械工业出版社, 2004.

[14] Feng Y, Zhao Y, Zheng H, et al. Data-driven product design toward intelligent manufacturing: A review[J]. International Journal of Advanced Robotic Systems, 2020, 17(2): 1-18.

[15] Dai Y, Li Y, Liu L J. New product design with automatic scheme generation[J]. Sensing and Imaging, 2019, 20(1): 1-16.

后 记
POSTSCRIPT

本书的诞生，既体现了我们作为工业设计领域教育者的职责，又体现了我们身为设计行业从业者的重要使命。希望本书能为读者提供一个融合设计教育与设计行业深度洞察的独特视角，帮助大家更深入地理解和应用工业设计理念，并在实际中加以运用。

身为教育者，我们热爱教育并致力于培养新一代工业设计专业人才。在我们看来，教育的精髓不仅在于传授知识，更在于培养学生独立思考、解决问题的能力以及与他人协同合作的技巧。得益于丰富的教育背景和多年的教学经验，我们才能够在本书中将种种复杂的设计理念转化为易于理解和实践的知识点与技能点。

与此同时，我们也是身处工业设计领域前沿的从业者，多年的职业经历为我们积累了丰富的实践经验和许多解决问题的方案。我们将持续关注行业的最新动态和技术变革，确保知识和经验与时代保持同步。本书不仅融汇了我们的个人见解，还吸收了众多同事与合作伙伴的宝贵经验和意见，他们的加入使本书的观点更加多元化、内容更加丰富且贴近现实。

希望本书能成为一本综合性指南，可协助大家更好地理解并掌握产品开发设计过程中的各种知识与技能。设计是创新的引擎，是问题的解答者，也是美学的诠释者。衷心期望每位读者都能勇敢迎接挑战，不断追求卓越，并在每一个项目中都融入自己的热情和智慧。

我们也想借此机会感谢所有为本书付出辛劳和智慧的同仁与伙伴，正是因为你们的鼎力支持和专业建议，本书才能够与大家见面。特别感谢浙江省工业设计技术创新服务平台、杭州飞思十工业设计有限公司、浙江帅丰电器股份有限公司、杭州申昊科技股份有限公司、宁波天文文具有限公司、宁波霍科电器有限公司、浙江逸辉智能家具有限公司、花央宅集配团队以卓越的实践经验和深入的专业知识，为本书提供了极具价值的案例分析和建议，你们的贡献使本书内容更加生动、实用，令本书对工业设计教育和实践的帮助更加显著。我们非常期待能听到读者们的声音，也坚信只有与实践相结合，本书才能得到不断完善和优化，成为每一位读者在工业设计教育和实践中的得力助手与宝贵财富。再次感谢大家的支持和阅读！

傅晓云

2023 年 12 月 27 日